Liebe Schülerinnen, liebe Schüler!

Ihr lest und verfasst bestimmt gerne Texte.
Deshalb habe ich euch ein Arbeitsheft für das 4. Schuljahr zusammengestellt.
In diesem Heft sind viele abwechslungsreiche Übungen, die euch ermuntern, Texte zu schreiben.
Die Arbeitsanweisungen geben genau an, wie ihr die einzelnen Aufgaben lösen könnt.
Verwendet ein Lineal, wenn ihr etwas unterstreichen sollt.

Trolli – der Spaßmacher – **begleitet euch** durch das Arbeitsheft mit vielen Tipps.

Ab Seite 51 findet ihr Lösungen für viele Aufgaben.
Mit ihnen könnt ihr eure Arbeitsergebnisse überprüfen.

Auf Seite 55 beginnt die Wörterliste. Hier könnt ihr nachschlagen, wie die Wörter richtig geschrieben werden.

Was ihr alles beim Schreiben von Texten beachten müsst, steht noch einmal zusammengefasst auf der letzten Seite des Heftes.

 Das Symbol für Partnerarbeit weist euch auf die Möglichkeit hin, mit einem Partner zusammenzuarbeiten.

 Das Symbol für eine zusätzliche Aufgabe gibt den schneller arbeitenden Schülerinnen und Schülern unter euch den Hinweis für eine zusätzliche Arbeitsmöglichkeit.

 Dieses Symbol sagt euch, dass ihr eine Aufgabe im Heft lösen oder am Computer bearbeiten sollt.

Nun viel Spaß und guten Erfolg beim Schreiben

wünscht euch euer Autor Edmund Wetter

Inhaltsverzeichnis

Lösungen Seite 51

Jörg, der Rennfahrer

1. In diesem Aufsatz sind die einzelnen Teile durcheinandergeraten.
Nummeriere die Aufsatzteile in der richtigen Reihenfolge.

2. Umkreise die Einleitung grün, den Hauptteil rot und den Schluss blau.

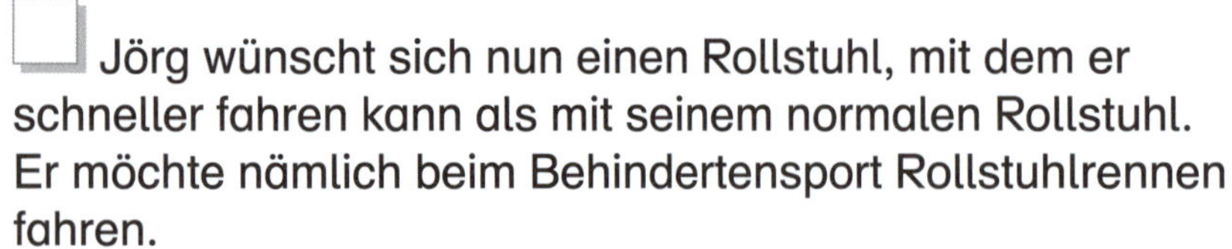

Jörg wünscht sich nun einen Rollstuhl, mit dem er schneller fahren kann als mit seinem normalen Rollstuhl. Er möchte nämlich beim Behindertensport Rollstuhlrennen fahren.
So bittet er seinen Vater: „Bau mir bitte einen Rollstuhl, mit dem ich Rennen fahren kann!“
Sein Vater – ein guter Mechaniker – baut für Jörg wirklich einen Rennrollstuhl.
In einer Behindertensportgruppe trainiert Jörg nun jede Woche zweimal unter der Leitung eines erfahrenen Trainers.
Er lernt, dass er beim Fahren seine Arme weit nach hinten schwingen muss, um schneller zu werden.
Beim Endspurt ist er besonders gut, sodass er schon mehrere Rennen gewinnen konnte.
Seine Eltern und seine Freunde jubeln ihm bei jedem Rennen zu.
Der Trainer lobt seinen Fahrstil.

Jörg ist körperbehindert. Er kann seine Beine nicht bewegen. Mit seinem Rollstuhl fährt er aber sehr geschickt. Sogar den Schulweg bewältigt er damit.

Das Lob bestärkt Jörg in seinem Wunsch, sich an den Olympischen Spielen für Sportler mit körperlicher Behinderung – den Paralympics – zu beteiligen.
Dafür trainiert er unermüdlich. Diese Spiele finden alle vier Jahre statt, und zwar immer dort, wo auch die Olympischen Spiele ausgetragen werden.

3. Suche eine andere Überschrift für den Text.
Du kannst auch eine Überschrift aus den Vorschlägen wählen.

Rollstuhlrennen	Paralympics	Im Rollstuhl	Jörgs Wunsch

Eine gute Geschichte braucht eine Einleitung, einen Hauptteil und einen Schluss. Auch eine Überschrift, die neugierig macht, gehört dazu.

4.  Schreibe die Aufsatzteile in der richtigen Reihenfolge auf.
Denke auch an die Überschrift.

Lösungen Seite 51

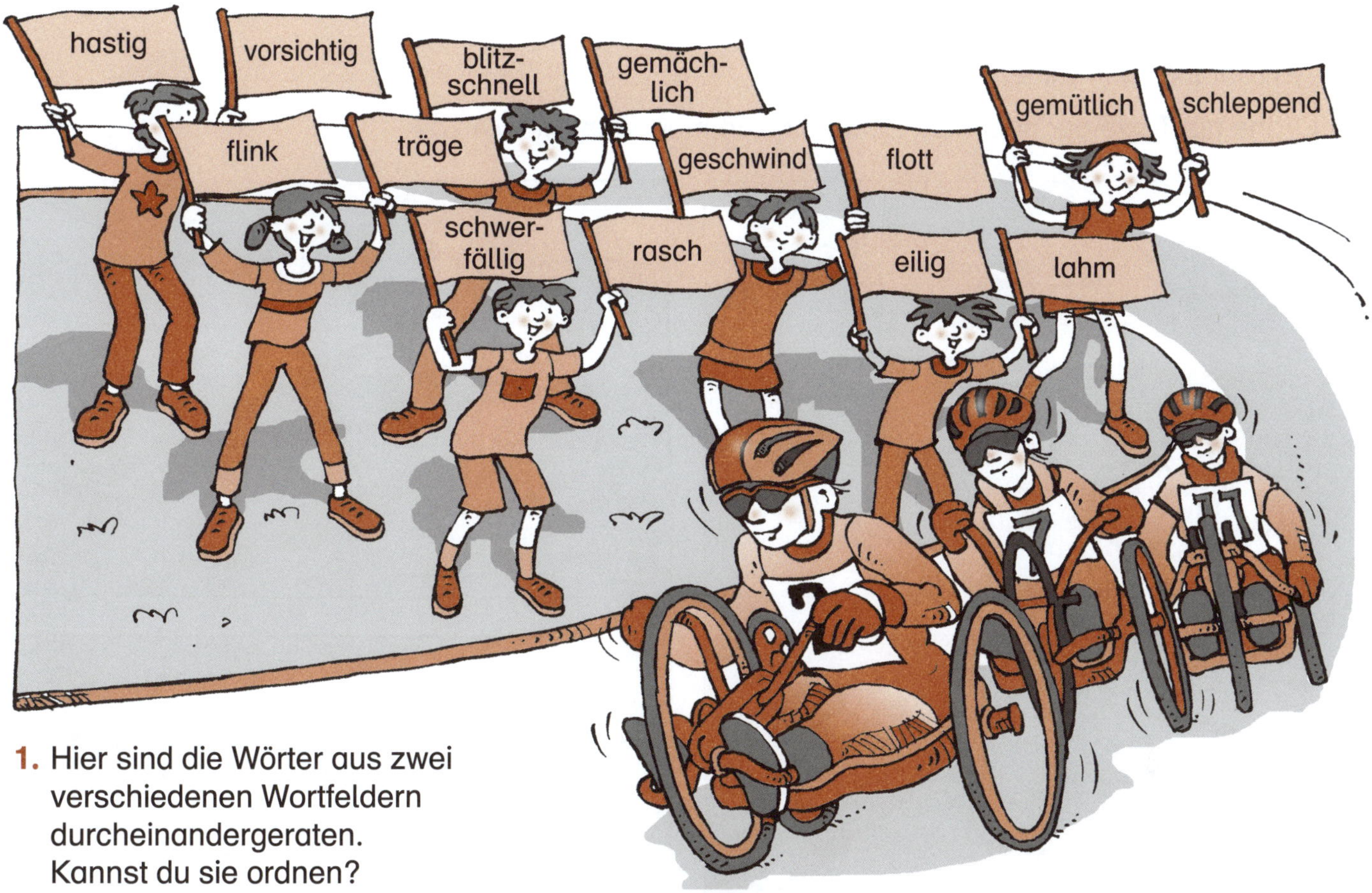

hastig
vorsichtig
blitz-schnell
gemäch-lich
gemütlich
schleppend
flink
träge
geschwind
flott
schwer-fällig
rasch
eilig
lahm

1. Hier sind die Wörter aus zwei verschiedenen Wortfeldern durcheinandergeraten. Kannst du sie ordnen?

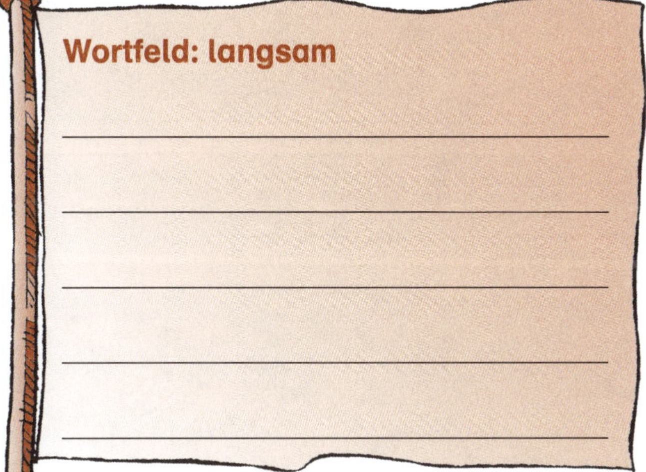

2. Überlege, welche Wörter besser passen. Setze ein.

- Max und Lorenz bummeln (langsam) ______________________ durch die Stadt.
- Das Eichhörnchen verschwand (schnell) ______________________ in seinem Kobel.
- Der Autofahrer fährt (langsam) ______________________ an die Kreuzung heran.
- Der Rollstuhlrennfahrer fährt (schnell) ______________________ an mir vorbei.
- Die Ente watschelt (langsam) ______________________ zum Wasser.
- Lilly und Jannis decken (schnell) ______________________ den Tisch.

In Seenot

Die Erzählung ist in Bildern dargestellt.

1. Ordne die Texte der nächsten Seite mit Nummern den Bildern zu.

2. Schreibe die Erzählung in der richtigen Reihenfolge ab.

3. Unterstreiche den Hauptteil rot. Markiere den Höhepunkt in einer anderen Farbe.

Der Hauptteil muss ausführlich und lebendig erzählt werden. Eine besonders spannende Stelle, der Höhepunkt, darf nicht fehlen.

☐ Er lässt Strickleitern an der Bordwand herab. Die Schiffbrüchigen klettern an Deck des Schiffes. Die Besatzung hilft ihnen. Laura, Lorenz, Mutter und Vater sind gerettet.

☐ Plötzlich jagen dunkle Wolken heran. Ein heftiger Sturm kommt auf und die hohen Wellen bilden weiße Schaumkronen. Die Gischt sprüht und das Wasser sammelt sich im Boot.

☐ Vater, Mutter und die beiden Kinder klammern sich am Rumpf des Bootes fest.
Sie winken verzweifelt und schreien laut: „Hilfe! Hilfe!"
Glaubt ihr, dass sie gerettet werden können?

☐ Heute ist ein heißer Sommertag. Unzählige Segelboote kreuzen* auf dem Bodensee. Auch Laura und Lorenz segeln mit ihren Eltern auf dem See. Ein leichter Wind weht. Die Familie genießt den ersten Ferientag.

☐ Da nähert sich ein Ausflugsschiff. Die Leute an Bord bemerken die Schiffbrüchigen. Auch der Kapitän hat das gekenterte Boot gesichtet und steuert auf die Unglücksstelle zu.

☐ Der Mast bricht. Das Boot kentert. Die Familie springt in das Wasser.
Zum Glück tragen alle vier Schwimmwesten.

* Seemannssprache: im Zickzackkurs fahren

In den Bergen

Herr und Frau Lehmann machen mit ihren Kindern David und Marie Urlaub in den Bergen.
David ist 10 Jahre alt und Marie ist ein Jahr jünger.
Da sich alle vier gerne in der Natur aufhalten, unternehmen sie viele Wanderungen.

Heute starten sie nach dem Frühstück zu einer Wanderung vom Ascheberger Tal ins Albachter Tal. Dort wollen sie sich die hohen Wasserfälle ansehen. Dazu müssen sie über einen 1 700 m hohen Bergpass steigen. Auf der Passhöhe gibt es eine Almhütte, in der man rasten kann und auch etwas zu essen und zu trinken bekommt. Dort wollen sie zu Mittag einkehren.
Als sie den Aufstieg zur Passhöhe fast geschafft haben und die Almhütte nicht mehr weit sein kann, quellen plötzlich dichte Nebelschwaden vom benachbarten Albachter Tal über den Pass ins Ascheberger Tal. Der Nebel hüllt alles in ein undurchsichtiges Grau. Die vier bleiben eng beieinander stehen. Sie können nicht weitergehen, wenn sie sich nicht verirren wollen.
Das kann in den Bergen gefährlich werden.

Als sie schließlich an der Hütte ankommen, serviert der Hüttenwirt ihnen ein kräftiges Essen.
Gestärkt und guter Laune treten sie den Rückweg an.
Die Wasserfälle wollen sie sich bei einer anderen Wanderung ansehen.
Für heute haben sie genug erlebt.

1. In dem Hauptteil der Erzählung fehlt etwas Wichtiges. Markiere die Stelle mit einem Kreuz, an der du mehr wissen möchtest, zum Beispiel die Art der Rettung und die Gefühle.

2. Der Höhepunkt der Geschichte fehlt.

Wenn du eines der Kinder wärst, was würdest du hoffen, was fürchten?
Wie könnte die Rettung aussehen?

Schreibe den fehlenden Höhepunkt.

Folgende Wörter helfen dir: **Nebel reißt auseinander, für einen kurzen Augenblick ist die Hütte zu sehen, Nebel verzieht sich, Angst, Herz klopft, zittern, frieren, jammern.**

Lösungen Seite 51

1. Welche Wörter kannst du anstatt **lachen** noch verwenden?
Markiere alle passenden Wörter.

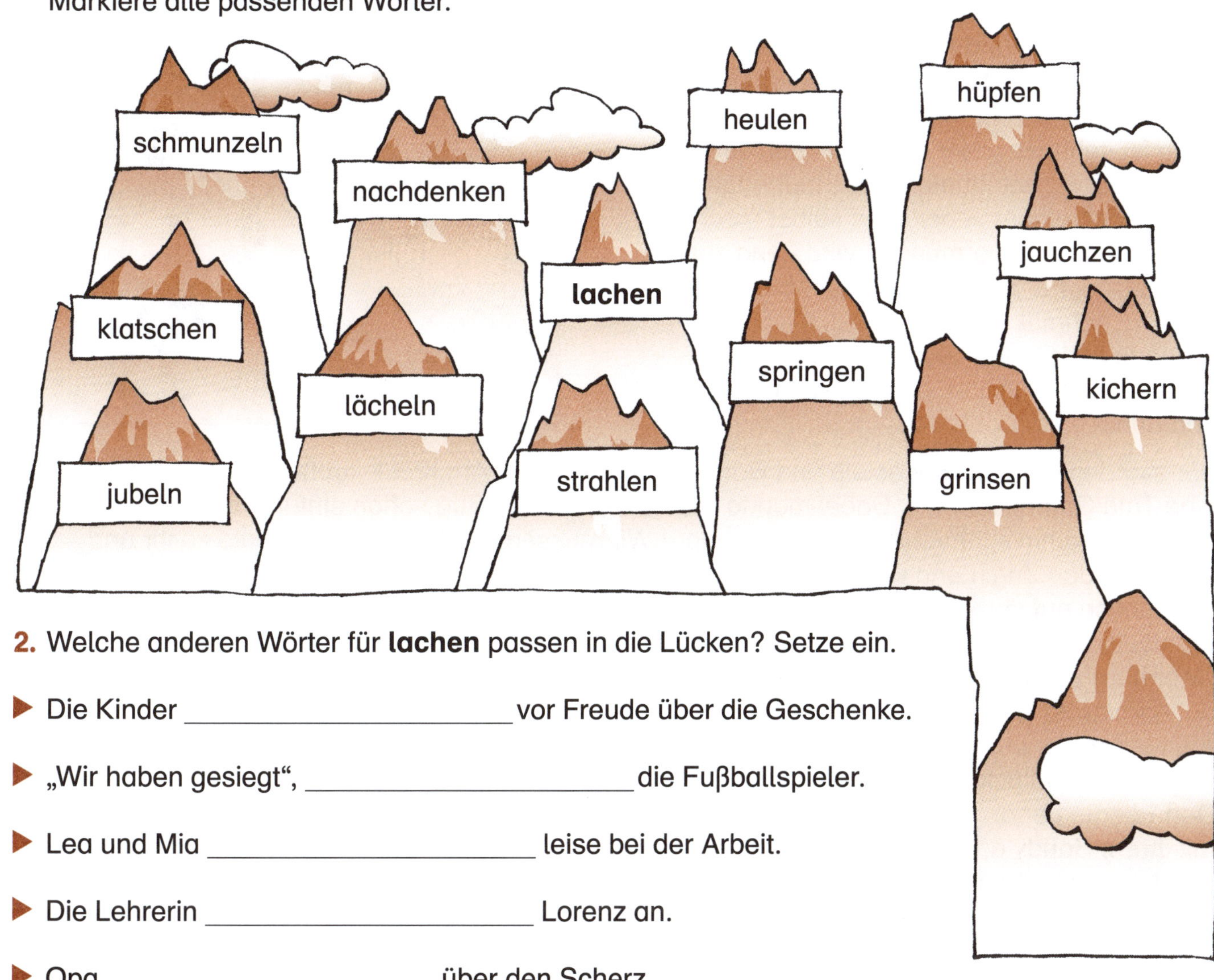

2. Welche anderen Wörter für **lachen** passen in die Lücken? Setze ein.

- Die Kinder ____________________ vor Freude über die Geschenke.
- „Wir haben gesiegt“, ____________________ die Fußballspieler.
- Lea und Mia ____________________ leise bei der Arbeit.
- Die Lehrerin ____________________ Lorenz an.
- Opa ____________________ über den Scherz.

3. Hier sind Wörter aus dem Wortfeld **weinen** in Spiegelschrift geschrieben.
Schreibe sie richtig auf.

schluchzen ____________________
jammern ____________________
klagen ____________________
wimmern ____________________
schreien ____________________
jaulen ____________________
kreischen ____________________
heulen ____________________

Eine aufregende Bahnfahrt

Am Wochenende wollten meine Mutter, meine Schwester Lena und ich mit dem Zug von Gaggenau nach Offenburg zu meiner Oma fahren.
Oma ist sehr lieb, aber sie kann auch streng sein. Sie will Lena immer etwas beibringen. Lena möchte aber lieber alles selbst machen. Wenn man sie bevormundet, wird Lena zornig und bockig. Für mich ist der Aufenthalt bei Oma manchmal langweilig, weil mir meine Freunde fehlen. Am liebsten lese ich dann Abenteuergeschichten oder spiele mit Oma und Lena Karten.

Wir standen auf dem Bahnsteig und warteten auf den Zug. Am Kiosk kaufte ich mir noch schnell eine Tüte Gummibärchen. Dabei merkte ich nicht, dass der Zug schon einfuhr. Mutter rief: „Hannes, komm schnell! Der Zug hält schon! Wir müssen einsteigen!" Ich rannte zu ihr und sprang in den Zug. Lena war schon eingestiegen. Da schlossen sich die Türen und meine Mutter stand noch auf dem Bahnsteig. Der Zug fuhr ohne sie ab.
Was sollten wir tun? Wir waren sehr aufgeregt. Lena weinte. Der Schaffner riet uns, bis Offenburg zu fahren. Oma wollte uns ja vom Bahnhof abholen. „Hoffentlich ist Oma auch wirklich da", jammerte Lena.
Als wir in Offenburg ankamen, half uns der Schaffner aus dem Zug. Schon von weitem winkte uns Oma zu. Glücklich umarmten wir sie.
Dann fragte Lena: „Was ist mit Mama? Wo ist sie?" Oma erklärte lächelnd: „Eure Mutter hat mich mit ihrem Handy angerufen. Sie hat mir erzählt, was passiert ist. Sie fährt mit dem nächsten Zug ab, der eine halbe Stunde später hier ankommt. Wir sollen auf sie warten."

Mutter kam dann auch wirklich mit dem nächsten Zug aus Gaggenau an.
Wir waren alle sehr erleichtert, dass unser Abenteuer so gut ausgegangen war. Noch lange sprachen wir von der aufregenden Bahnfahrt.

1. Lies die Erzählung aufmerksam.

2. Unterstreiche in der Einleitung die unwichtigen Sätze, die nicht zum Thema hinführen.

3. Schreibe die Einleitung dann richtig auf.

____

____

____

____

**Eine Einleitung soll möglichst kurz sein.
Sie muss zum Thema hinführen.
Darum dürfen keine unwichtigen Sätze in der Einleitung stehen.**

Für die Tunwörter (Verben) gehen und fahren kannst du auch andere treffende Wörter einsetzen.

1. Hier sind zwei Wortfelder durcheinandergeraten.
Kannst du sie ordnen?

abfahren   stapfen   rennen   laufen   bummeln
rasen   tuckern   rollen   eilen   schreiten
schleichen   verreisen   humpeln   steuern   befördern
lenken   anfahren   marschieren
springen   kutschieren

2. Überlege, welche Wörter besser passen. Setze ein.

- Der Räuber (gehen) ____________________ um das Haus.
- Der Zug soll pünktlich (fahren) ____________________.
- Die Leute (gehen) ____________________ durch den hohen Schnee.
- Mit dem Taxi (fahren) ____________________ wir unser Gepäck.
- Der verletzte Fußballspieler (gehen) ____________________ vom Platz.
- Der Bauer (fahren) ____________________ mit seinem Traktor durch die Stadt.

Lösungen Seite 51

Hilfsbereite Nachbarn

Die Zwillinge Jan und Lars wohnen in einem Mehrfamilienhaus. Ihre Familie ist erst vor kurzem von München nach Freiburg gezogen, weil der Vater dort eine neue Arbeitsstelle angetreten hat. Nun lernen Jan und Lars allmählich ihre Nachbarn kennen.

Als sie heute von der Schule nach Hause kommen, schließt gerade eine alte Frau die Haustür auf. Ein voller Einkaufskorb steht neben ihr. Sie stöhnt leise: „Ach, früher fiel mir alles leichter. Jetzt habe ich Mühe, meinen Korb mit den Einkäufen nach oben zu tragen." Jan fragt: „Dürfen wir Ihnen den Korb die Treppe hinauftragen?" Die alte Frau freut sich sehr über die hilfsbereiten Jungen und nimmt Jans Vorschlag gerne an. Sie wohnt in der ersten Etage, heißt Frau Weber und bittet die Kinder in ihre hübsche Wohnung. Jan und Lars freuen sich über ein Glas Orangensaft, das ihnen Frau Weber anbietet. Sie unterhalten sich eine Weile, bis Lars erklärt: „Frau Weber, ich habe eine Idee, wie wir Ihnen auch in Zukunft helfen können."

1. Lies den Text aufmerksam.

2. Welcher Textteil fehlt?

Kreuze an. ☐ Einleitung ☐ Hauptteil ☐ Schluss

3. Schreibe einen Schluss für die Geschichte.

____

____

____

____

____

____

____

Der Schluss soll möglichst kurz sein. Er muss zu der Geschichte passen und eine Lösung bringen.

1. Ordne die Wörter dem jeweils passenden Wortfeld zu.

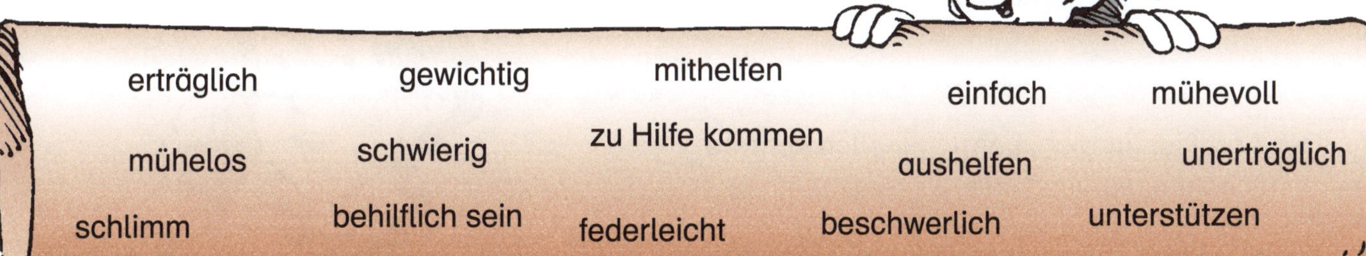

Wortfeld: leicht	Wortfeld: schwer	Wortfeld: helfen

2. Trage aus den Wortfeldern **leicht** und **schwer** treffende Wörter in die Sätze ein. Gebrauche jedes Wort nur einmal.

- Der steinige Bergpfad war ________________ zu ersteigen.
- Die ________________ Mathematikaufgabe hat nur ein Schüler lösen können.
- Alle anderen Aufgaben waren ______________ zu lösen.
- Heute herrscht eine ______________________ Hitze.
- Die Reise war trotz ihrer Länge ________________.
- Tom wanderte ______________ den Berg hinauf.
- Der Seidenschal ist _________________.
- Der Weg war steinig und __________________.
- Anna hat eine ______________ Erkältung.
- Der Klassensprecher hat ein __________________ Wort mitzureden.

3. Schreibe zu jedem Wort aus dem Wortfeld **helfen** einen Satz.

Am Telefon

Das Telefon klingelt. Mutter nimmt den Hörer ab.

Sie **sagt** ______________________ :

[„] Der Anruf ist für dich, Leo! [“] [ ] Ich komme [ ],

sagt ______________________ Leo.

Er **sagt** ______________________ ins Telefon.

[ ] Hallo, hier ist Leo Krüger. [ ] Die Stimme am

anderen Ende der Leitung **sagt** __________________ :

[ ] Hier ist Inga. Du Leo, ich habe vergessen, welche Hausaufgaben wir aufhaben.

Kannst du mir helfen? [ ] [ ] Na klar, [ ] **sagt** ______________________ Leo.

Er **sagt** ______________________ : [ ] Warte einen Augenblick! Ich sehe rasch mal nach. [ ]

Kurz darauf kommt er zurück und **sagt** ______________________ : [ ] Pass auf, Inga! Wir sollen

das Gedicht abschreiben und auswendig lernen. Dann müssen wir die Fehler in unserem Diktat

verbessern. [ ] [ ] Das ist ja nicht viel. Danke Leo! Wir sehen uns dann morgen [ ], **sagt**

______________________ Inga. [ ] Du bist gut dran, denn du hast in deinem Diktat nur wenig

Fehler. Bis morgen also [ ], **sagt** ______________________ Leo.

1. Trage die Anführungszeichen in den Text ein.

2. Schreibe für **sagt** ein anderes treffendes Wort auf die Linien.
Setze um das Wort **sagt** eine Klammer. **Beispiel: Sie (sagt) ruft: „ …**

Die folgenden Wörter helfen dir: **rufen, sich verabschieden, sich freuen, erwidern, antworten, sprechen, meinen, erklären, fragen**.

Verwende jedes Wort nur einmal.

Lösungen Seite 51

1. Welche Wörter kannst du anstatt **sagen** noch verwenden?
Ergänze. Du kannst auch in der Wörterliste oder im Wörterbuch nachschlagen.

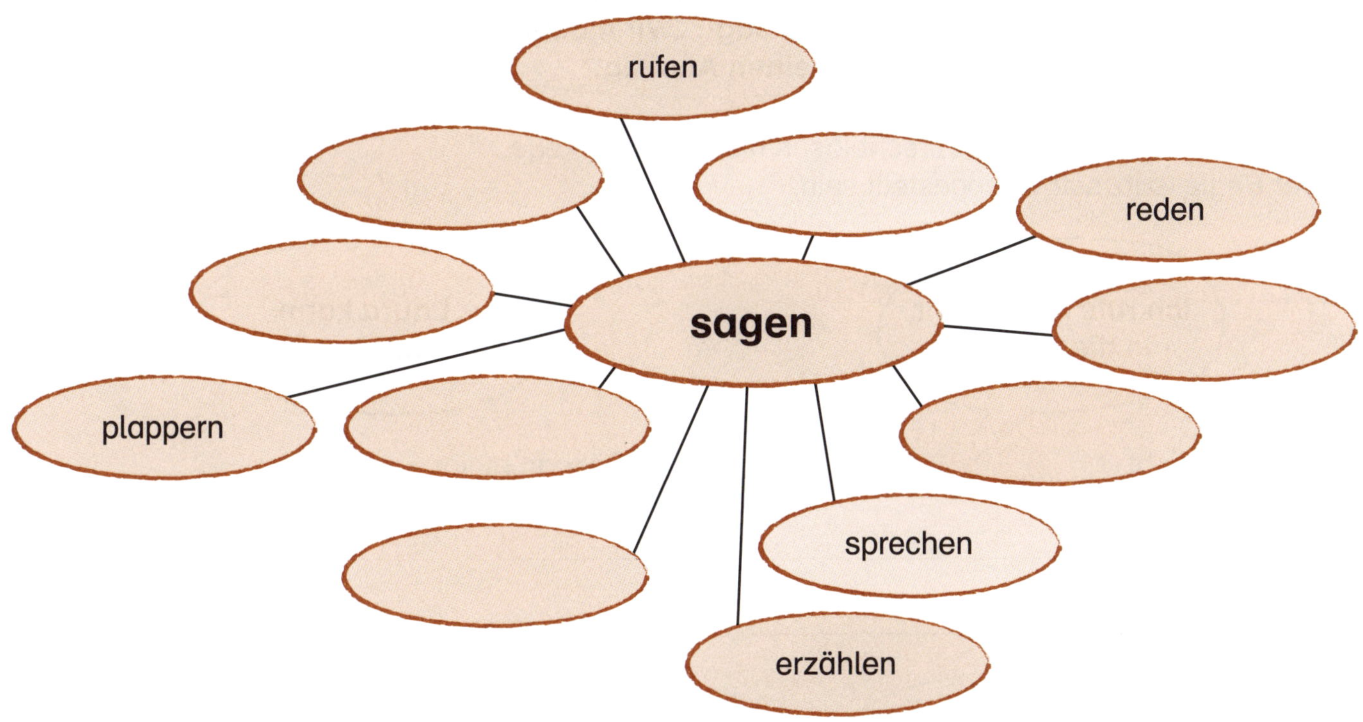

2. Wähle treffende Wörter aus dem Wortfeld **sagen** aus und trage sie in die Sätze ein.

- Der Nachrichtensprecher ______________ sehr deutlich.
- Der Kuckuck ________ aus dem Wald.
- Das kleine Kind ________________ vor sich hin.
- Vater ______________ seinen Kindern ein Märchen.
- In der Pause __________ die Kinder durcheinander.

3. Z Überlege dir selbst noch vier Sätze mit Wörtern aus dem Wortfeld **sagen**.

____

____

____

____

Für sagen gibt es noch viele andere Wörter.

In der Klasse 4a

Steht der Begleitsatz vor der wörtlichen Rede, so endet er mit einem Doppelpunkt.
Beispiel: Anja sagt: „Wir machen heute einen Ausflug."

1. Schreibe die Texte in den Sprechblasen als wörtliche Rede.
Der Begleitsatz soll vorangestellt sein.

Ich rufe nicht mehr in die Klasse.

Mia verspricht

Mia verspricht: „

Laura kann gut Witze erzählen.

Gökhan meint

Hast du deine Hausaufgaben gemacht?

Die Lehrerin fragt

Lorenz hat heute die Leseecke aufgeräumt.

Tina erwähnt

Hurra, wir haben keine Hausaufgaben auf!

Hannes ruft

Ich möchte meinen Hamster in die Schule mitnehmen.

Lorenz bittet

Nach einem Aussagesatz steht ein Punkt.
Nach einem Fragesatz steht ein Fragezeichen.
Nach einem Ausrufesatz steht ein Ausrufezeichen.

2. Z Schreibe fünf Sätze mit wörtlicher Rede. Stelle den Begleitsatz voran.

Steht der Begleitsatz nach der wörtlichen Rede, so wird er immer durch ein Komma abgetrennt. Ist die wörtliche Rede ein Aussagesatz, fällt der Punkt weg.
Beispiel: „Ich habe gut geschlafen“, sagt Dilek.

1. Schreibe die Texte in den Sprechblasen als wörtliche Rede.
   Der Begleitsatz soll nachgestellt sein.

Die Fledermäuse halten Winterschlaf.

Felix erklärt

„Die Fledermäuse

Max kann gut schwimmen.

Laura meint

Darf ich neben Mia sitzen?

Leo fragt

Wollen wir ein Theaterstück aufführen?

Die Kinder fragen

Hurra, wir haben morgen frei!

Ruzka ruft

Geht leise durch das Schulhaus!

Die Lehrerin bittet

2. Z Schreibe fünf Sätze mit wörtlicher Rede. Der Begleitsatz soll nachgestellt sein.

Witze

1. Setze in die einzelnen Witze die Satzzeichen ein:
Doppelpunkt, Anführungszeichen, Punkt, Fragezeichen, Ausrufezeichen.

Olli, du musst dir noch die Hände waschen, gleich hast du Klavierunterricht ruft die Mutter Olli antwortet Nicht nötig, ich spiele heute nur auf den schwarzen Tasten

Zwei Tausendfüßler treffen sich beim Bäcker Der eine fragt den anderen Ich habe deine Frau schon lange nicht mehr gesehen Wo ist sie denn Der andere antwortet Sie ist vor einem Monat Schuhe kaufen gegangen

Kai fällt in den See Ein Mann rettet ihn und fragt Warum bist du denn nicht geschwommen Kai antwortet Auf dem Schild steht doch SCHWIMMEN VERBOTEN

2. Ergänze in dem Witz die wörtliche Rede. Die folgenden Sätze helfen dir.

Jokurt?

Das heißt aber doch Joachim

Und wie ist dein Name

Eigentlich heißt du aber doch Josef

Ich heiße Achim

Mein Name ist Sepp

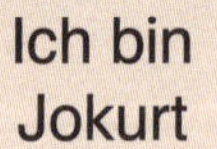
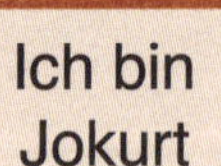
Ich bin Jokurt

Lehrer Eckert möchte die Namen seiner Schülerinnen und Schüler erfahren.

Das erste Kind meldet sich : „Ich heiße ______

Der Lehrer entgegnet ______

Das nächste Kind meldet sich ______

Da sagt Lehrer Eckert ______

Nun fragt er ein anderes Kind ______

Dieses antwortet ______

3. Z Kennst du auch einen Witz? Schreibe ihn auf. Verwende die wörtliche Rede.

4. Z Sammelt eure Witze in einem Klassenordner.

Lösungen Seite 52

Auf dem Wochenmarkt

Tim kauft mit seiner Mutter auf dem Wochenmarkt ein.
Sie kommen an einer Eisdiele vorbei.
Tim möchte sich ein Eis holen. Er bittet seine Mutter um Geld.
Die Mutter schenkt ihm einen Euro.
Sie mahnt ihren Sohn, das Geld nicht zu verlieren.
Tim verspricht, auf den Euro aufzupassen.
Dann kommt er allerdings ohne das Eis zurück.
Die Mutter wundert sich.
Tim erklärt ihr, wofür er das Geld ausgegeben hat.

1. Lies den Text aufmerksam.

2. Schreibe die Geschichte mit der wörtlichen Rede auf. Schreibe auch den Begleitsatz dazu. Denke an die Satzzeichen bei der wörtlichen Rede. Die folgenden Sätze helfen dir.

Gibst du mir etwas Geld für ein Eis?

Verliere das Geld bitte nicht!

Ich passe bestimmt auf den Euro auf.

Warum kommst du ohne das Eis?

Tim kauft mit seiner Mutter auf dem Wochenmarkt ein. Sie kommen an einer Eisdiele vorbei. Tim fragt: „Gibst

3. Schreibe die Geschichte weiter. Denke an die wörtliche Rede.

Mit der wörtlichen Rede kannst du eine Geschichte spannender erzählen.

Lösungen Seite 52

Die Nachtwanderung

Tom hat eine Geschichte für die Schülerzeitung geschrieben.

Die Nachtwanderung

Unsere Klasse fuhr in diesem Jahr in die Jugendherberge nach Freudenstadt.

Eines Abends verkündete unsere Lehrerin Frau Klein: „Heute Abend machen wir eine Nachtwanderung. Wer kommt mit?“ Schade, dass nicht alle mitkommen wollten! Hannes, Laura, Lorenz und Ute meinten: „Wir spielen lieber Monopoly.“ Lachend verschwanden sie im Nebenraum.

„Vergesst eure Taschenlampen nicht!“, erinnerte uns Frau Klein. Das wäre schade! Hurra, es ging los! Jeder leuchtete mit seiner Taschenlampe in die Dunkelheit. Frau Klein hatte sogar eine Scheinwerferlampe, die einen sehr hellen Lichtstrahl weit in den dunklen Wald warf. Zuerst schwatzten wir laut durcheinander. Dann wurden wir stiller und flüsterten nur noch miteinander.

Plötzlich knackten Zweige unter stapfenden Schritten. Hölzer schlugen gegen Baumstämme. Meckerndes Lachen kam immer näher. Ich leuchtete mit meiner Taschenlampe ins Dunkel. Oh Schreck! Was war das? Skelette huschten an uns vorbei. Sie griffen nach meiner Jacke. Könnt ihr euch meine Angst vorstellen?

Ich schrie laut: „Hilfe, Frau Klein, Hilfe!“ Frau Klein stürzte herbei, packte ein Gespenst, leuchtete

es an und begann zu lachen. Wir erkannten Ute. Sie hatte ein schwarzes Tuch mit leuchtenden Silberstreifen umgehängt. Die Leuchtstreifen waren wie ein Skelett aufgenäht. Die anderen Gespenster entpuppten sich als Hannes, Laura und Lorenz, die uns diesen Streich gespielt hatten.

Das war ein aufregendes Abenteuer. Meint ihr nicht auch?

Tom, 4a

1. Tom hat die Geschichte spannend und lebendig erzählt.
Er hat die wörtliche Rede verwendet, aber auch Ausrufe und Fragen eingefügt und den Leser direkt angesprochen.
Unterstreiche die Sätze rot, in denen der Leser angesprochen wird.
Unterstreiche die Ausrufe und Fragen blau.

2.  Schreibe selbst eine Geschichte über eine Nachtwanderung.
Denke dabei an Fragen und Ausrufe.

Ausrufe und Fragen machen eine Geschichte lebendig.
Besondere Spannung kannst du erreichen, wenn du die Lesenden direkt ansprichst.

3. Besorge dir in der Bücherei ein Buch mit Abenteuergeschichten.

Aufregung am See

Wir fuhren mit unserem Wohnmobil in den Urlaub nach Frankreich. Es war ein heißer, schwüler Tag. An einem Waldsee stoppten wir. Wir wollten eine Ruhepause einlegen.

Der See lud zum Baden ein. ______________________________

Das Wasser war klar und schimmerte blau-grün. Nirgends stand ein Verbotsschild.

____

Mutter und ich sind gute Schwimmer, nur Vater fühlt sich nicht so sicher beim Schwimmen. Aber er freute sich heute auch auf eine erfrischende Abkühlung.

____

Die Badestelle war zunächst sehr flach, sodass wir bequem ins Wasser gelangen konnten. Wir spritzten uns gegenseitig nass und schwammen dann in den See hinaus.

____

Plötzlich schrie Vater: „Hilfe, hier sind Schlingpflanzen! Hilfe, ich komme nicht weg!“

____

Vater ruderte mit den Armen und schlug wild um sich. „Wir kommen, bleib ruhig!“, rief meine Mutter ihm zu. Mutter beruhigte Vater und hielt seinen Kopf über Wasser. Ich tauchte und streifte ihm die Schlingpflanzen von den Beinen.

____

Ich musste mehrmals auftauchen und Luft holen.

______________________________ Wir schwammen mit Vater ans Ufer.

An unserem Rastplatz erholten wir uns erst einmal von dem Schreck. Da hatte Vater aber Glück gehabt.

____

1. In dem Text fehlen die Fragen und Ausrufe.
Schreibe sie auf die Linien. Die folgenden Sätze helfen dir.

2. Unterstreiche die beiden Sätze rot, in denen der Leser direkt angesprochen wird.

3. Z Hattest du auch schon einmal ein aufregendes Urlaubserlebnis? Schreibe es auf. Denke an die Fragen und Ausrufe.

Lösungen Seite 52

Verwechslung mit Folgen

Nick hatte ein lustiges Erlebnis:

Mein Vater sagte: „Lauf bitte zur Post und kaufe vierzig Briefmarken.“
Meine Mutter fügte hinzu: „Besorge auch noch vier Würstchen für unseren Kartoffelsalat.“

Dann lief ich mit dem Geld los.

Ich lief ______________________

Dann schaute ich den Kindern beim Spielen auf der Straße zu.

____

____

Dann spielte ich noch ein Weilchen mit ihnen.

____

Dann kaufte ich bei der Post vier Briefmarken.

____

Dann holte ich im Supermarkt vierzig Würstchen.

____

Dann ging ich mit dem schweren Korb nach Hause.

____

Mein Vater lachte und fragte: „Was klebe ich nun auf meine Briefe?“
Auch Mutter meinte lachend: „Heute werden wir bestimmt satt.“

1. Lies Nicks Erzählung aufmerksam. Was fällt dir auf?
2. Nicks Erzählung ist langweilig. Er gebraucht immer wieder das Wort **dann**. Stelle die Sätze um. So lassen sich die gleichen Satzanfänge vermeiden.
3. In dem folgenden Satz sind die einzelnen Satzteile umrandet. Stelle die Satzteile mehrmals um und schreibe die Sätze auf.

Ich	kaufte	bei der Post	vier Briefmarken

Ich kaufte bei der Post vier Briefmarken.

____

____

____

4.  Stelle auch bei den anderen Sätzen der Erzählung die Satzteile mehrmals um und schreibe sie auf.

1. Schreibe Nicks Erzählung noch einmal.
Benutze folgende Satzanfänge für das Wort **dann**: **also, zuerst, schließlich, danach, anschließend, jetzt.**

2. Z Denke dir einen anderen Schluss für die Erzählung aus und schreibe ihn auf.

Der vorsichtige Träumer (nach Johann Peter Hebel)

In einem kleinen Städtchen in der Schweiz übernachteten einmal zwei Touristen und sie waren müde vom Wandern.
Abends gingen die beiden zu Bett und sie zogen ihre Schlafanzüge an und der eine holte ein paar Pantoffeln aus seinem Rucksack.
Er schlüpfte in die Pantoffeln und der Mann band sie an den Füßen fest und er stieg so in sein Bett.
Und da fragte der andere: „Guter Freund, warum ziehst du die Pantoffeln im Bett an und warum willst du damit schlafen?"
Und darauf antwortete der eine: „Wegen der Vorsicht! Ich bin im Traum einmal in eine Glasscherbe getreten und da habe ich im Schlaf große Schmerzen gehabt und deshalb will ich nie mehr barfuß schlafen."

Viele lange Sätze sind schwer zu verstehen.
Setze am Ende einer Sinneinheit einen Punkt.
Die Satzanfänge musst du großschreiben.

1. Lies die Geschichte. Was fällt dir auf?
2. Die Sätze in dem Text sind zu lang. Überlege, wo eine Sinneinheit endet. Markiere die Stelle mit einem senkrechten Strich.
3. Kürze die Sätze. Beachte dabei die Sinneinheiten. Lass **und** weg. Schreibe den Satzanfang groß.

In einem kleinen Städtchen in der Schweiz übernachteten einmal zwei Touristen **und** sie waren müde vom Wandern.

____

____

Abends gingen die beiden zu Bett **und** sie zogen ihre Schlafanzüge an **und** der eine holte ein paar Pantoffeln aus seinem Rucksack.

____

____

____

Lange Sätze teilen

1. Kürze die übrigen Sätze des Textes wie auf der vorigen Seite.

Er schlüpfte in die Pantoffeln **und** der Mann band sie an den Füßen fest **und** er stieg so in sein Bett …

… **und** da fragte der andere: „Guter Freund, warum ziehst du die Pantoffeln im Bett an **und** warum willst du damit schlafen?“ **und** darauf antwortete der eine:

„Wegen der Vorsicht! Ich bin im Traum einmal in eine Glasscherbe getreten **und** da habe ich im Schlaf große Schmerzen gehabt **und** deshalb will ich nie mehr barfuß schlafen.“

2. Z Was ist dir schon einmal im Traum passiert? Schreibe es auf. Verwende kurze Sätze.

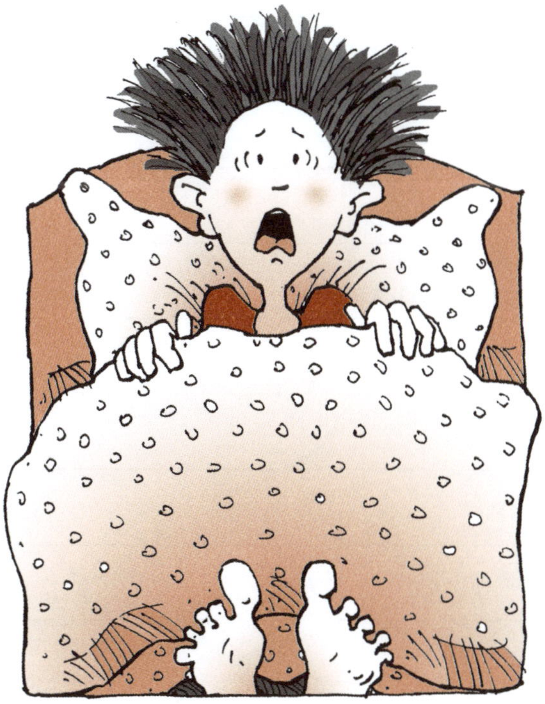

Die Apfelräuber

Ein Pfarrer pflegte seinen Garten mit viel Liebe und er erfreute sich vor allem an seinen Apfelbäumen.
Jedes Jahr im Herbst stiegen aber ungebetene Gäste über seinen Zaun und sie hatten es auf die leckeren Äpfel abgesehen.
„Wollt ihr wohl verschwinden, ihr Apfelräuber!", rief der Herr Pfarrer ärgerlich und die kleinen Diebe liefen schleunigst davon und sie kamen aber heimlich immer wieder.
Als sich die Jungen und Mädchen unter dem Fenster des Pfarrhauses auch noch um die schönsten Äpfel stritten, wurde es dem Pfarrer zu bunt.
Zornig schrieb er ein Schild und dieses befestigte er am Gartenzaun und auf dem Schild stand: „Lasst das Stehlen. Gott sieht alles."
Am nächsten Tag war darunter zu lesen: „Aber er verrät uns nicht."

1. Lies die Geschichte.

2. Überlege, wo eine Sinneinheit endet.
Markiere die Stelle mit einem senkrechten Strich.

3. Schreibe den Text auf. Beachte die Sinneinheiten in den Sätzen. Lass **und** weg.
Die Satzanfänge musst du großschreiben.

Lösungen Seite 53

Lauras Unfall

Felix steht am Fenster und schaut auf die Straße.
Da kommt seine Freundin Laura auf dem Fahrrad um die Ecke. Sie fährt vorschriftsmäßig auf der rechten Straßenseite.
Von hinten nähert sich mit hoher Geschwindigkeit ein Auto.
Weil Gegenverkehr herrscht, fährt das Auto scharf rechts.
Im Vorbeifahren streift das Auto Lauras Fahrrad.
Laura stürzt zu Boden.
Der Autofahrer saust weiter.
Er kümmert sich nicht um Laura.
Felix merkt sich die Autonummer und rennt nach draußen zu Laura.
Sie weint und jammert: „Aua, mein Bein tut weh."
Per Handy informiert Felix den Krankenwagen und die Polizei.
Er telefoniert auch mit Lauras Eltern.
Der Krankenwagen bringt Laura ins Marienkrankenhaus.
Die Polizistin notiert sich die Autonummer, die Felix ihr angibt. Sie dankt Felix für sein richtiges Verhalten.

1. Lies den Text aufmerksam.

2. Unterstreiche in jedem Satz die Tunwörter (Verben). Was fällt dir auf?

3. Die Geschichte ist in der Gegenwart geschrieben. Alle Tunwörter (Verben) stehen in der Gegenwart. Schreibe sie untereinander in die Tabelle und setze sie in die 1. Vergangenheit.

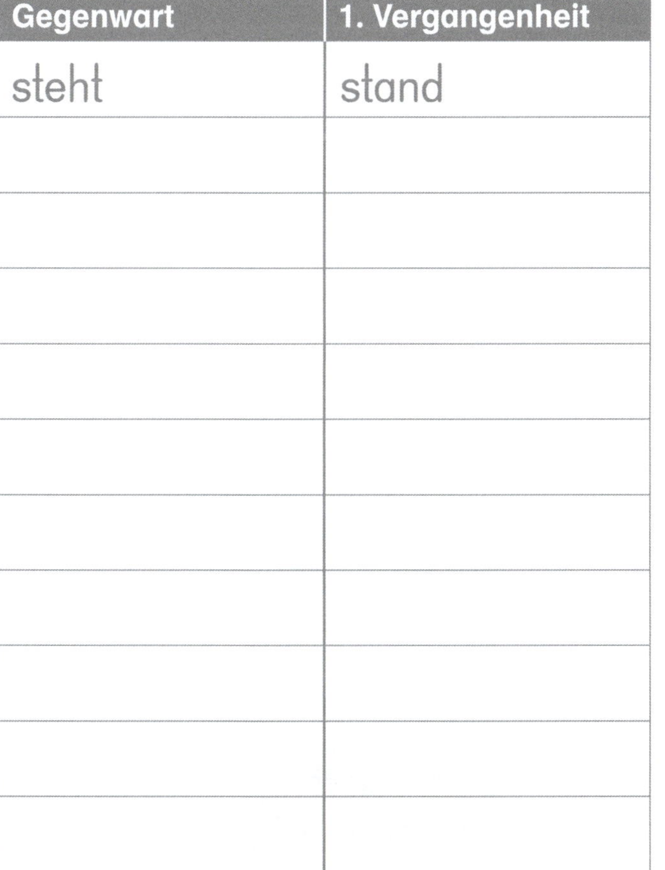

Gegenwart	1. Vergangenheit
steht	stand

Gegenwart	1. Vergangenheit

**Bleibe mit deiner Erzählung immer in einer Zeit.
Wähle die Gegenwart oder die 1. Vergangenheit.
Nur auf dem Höhepunkt darfst du die Erzählzeit wechseln.
Du erreichst dadurch eine größere Spannung.**

1. Der Text von der vorigen Seite soll nun in die 1. Vergangenheit gesetzt werden. Die wörtliche Rede bleibt in der Gegenwart. Setze die Tunwörter (Verben) in der 1. Vergangenheit im Text ein.

Lauras Unfall

Felix ____________ am Fenster und ______________ auf die Straße.

Da _________ seine Freundin Laura auf dem Fahrrad um die Ecke.

Sie _________ vorschriftsmäßig auf der rechten Straßenseite.

Von hinten ______________ sich mit hoher Geschwindigkeit ein Auto.

Weil Gegenverkehr ________________, _________ das Auto scharf rechts.

Im Vorbeifahren ______________ das Auto Lauras Fahrrad. Laura _____________ zu Boden.

Der Autofahrer ____________ weiter. Er ___________________ sich nicht um Laura.

Felix _____________ sich die Autonummer und _____________ nach draußen zu Laura.

Sie _____________ und _________________: „Aua, mein Bein tut weh.“

Per Handy ___________________ Felix den Krankenwagen und die Polizei.

Er _____________________ auch mit Lauras Eltern.

Der Krankenwagen ______________ Laura ins Marienkrankenhaus.

Die Polizistin _______________ sich die Autonummer, die Felix ihr ___________.

Sie _____________ Felix für sein richtiges Verhalten.

1. Felix erzählt seinem Freund von Lauras Unfall.
Schreibe den Text in der Ich-Form.

Ich stand am Fenster und schaute auf die Straße.

Da kam meine Freundin

Lösungen Seite 53

Richtig oder falsch?

1. Kreuze die richtigen Aussagen an. Sieben Aussagen sind falsch.

- [ ] 1 Teile lange Sätze.
- [ ] 2 Halte die Erzählzeit ein (Ausnahme beim Höhepunkt).
- [ ] 3 Treffende Tunwörter (Verben) machen eine Erzählung langweilig.
- [ ] 4 Jede Erzählung soll aus Einleitung, Hauptteil und Schluss bestehen.
- [ ] 5 Erzähle immer nur ein Ereignis.
- [ ] 6 Wiewörter (Adjektive) in einer Geschichte verwirren den Leser.
- [ ] 7 Verwende die wörtliche Rede.
- [ ] 8 Mit Ausrufen und Fragen wird eine Erzählung lebendig und spannend.
- [ ] 9 Der Hauptteil soll nie ausführlich sein.
- [ ] 10 Schreibe unterschiedliche Satzanfänge.
- [ ] 11 Die Einleitung soll lang sein.
- [ ] 12 Vergiss nicht den Höhepunkt in der Geschichte.
- [ ] 13 Kurze Sätze sind langweilig.
- [ ] 14 Gestalte den Schluss kurz. Er muss zum Thema passen.
- [ ] 15 Setze passende Wiewörter (Adjektive) ein. Sie machen das Geschehen anschaulich.
- [ ] 16 Die Überschrift soll dem Leser viel von der Geschichte verraten.
- [ ] 17 Suche treffende Tunwörter (Verben). Sie machen eine Geschichte lebendig.
- [ ] 18 Lange Sätze sind lustig und für den Leser gut verständlich.

Ob ich wohl alle Merkmale für eine gute Erzählung finde?

 Lösungen Seite 53

1. Male in der Zeichnung die Felder mit den Zahlen aus, die du auf der vorigen Seite angekreuzt hast. Benutze dafür eine Farbe. Was erhältst du?

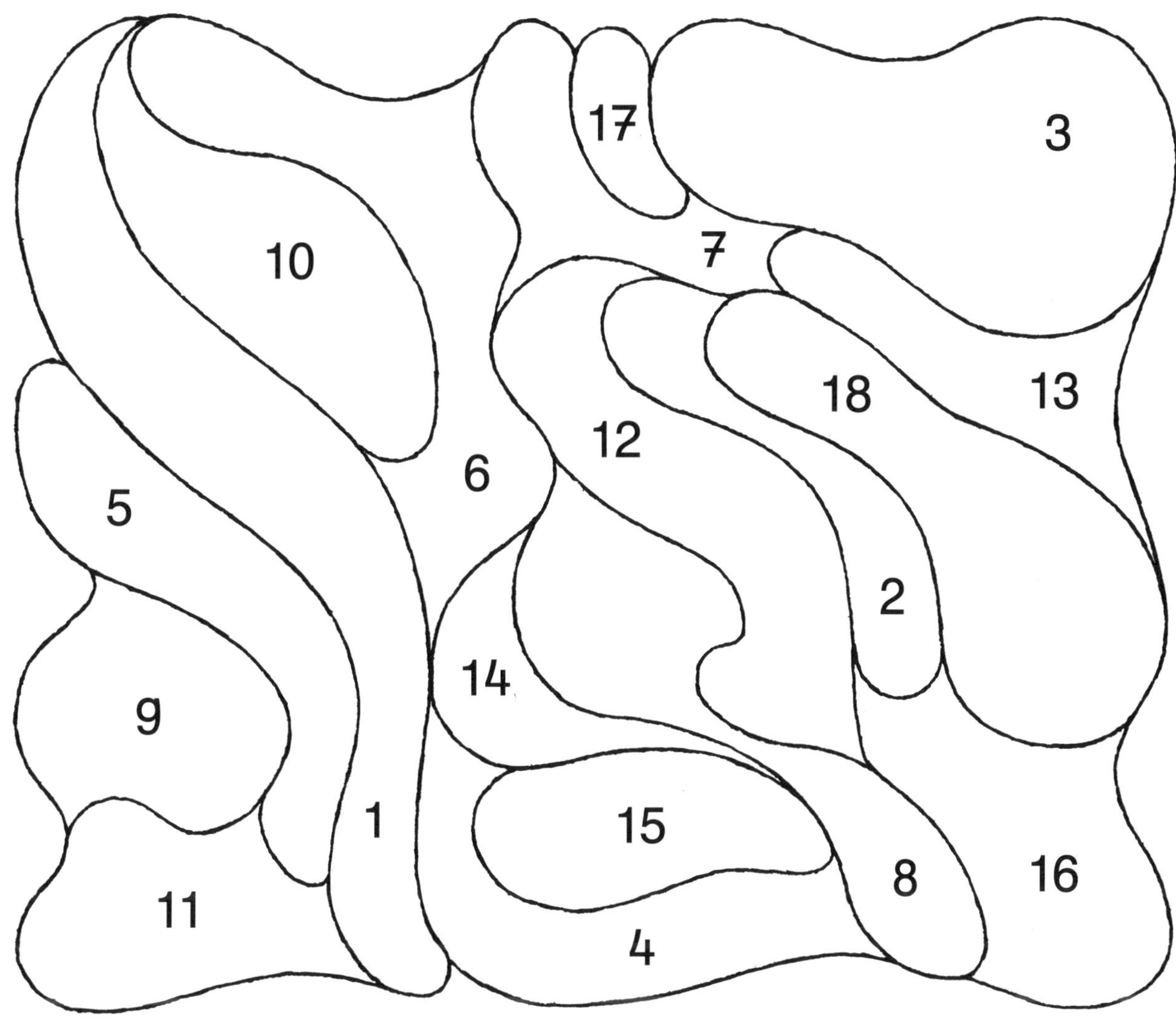

2. Schreibe die falschen Aussagen der vorigen Seite so um, dass sie richtig sind.

Der Hase und die Schnecke

☐ Aber da war es schon zu spät. Gerade hatte die Schnecke das Ziel erreicht. Jetzt trocknete sie ihre Schweißtropfen ab und lachte den überschlauen Hasen aus.

☐ Ein Hase machte sich über eine alte Schnecke lustig, die langsam des Weges daherkam. „Hallo“, rief er, „du kommst ja nicht von der Stelle. Pass auf, dass du nicht beim Laufen einschläfst!“

☐ Die Schnecke war einverstanden und kroch mit größter Mühe auf den Busch los. Dicke Schweißperlen liefen von ihrem Körper herunter, doch sie achtete nicht darauf. Irgendwann würde sie schon das Ziel erreichen.

☐ Ärgerlich antwortete die Schnecke: „Es wäre besser, du würdest nicht so dumm daherreden. Vielleicht bin ich noch schneller als du!“

☐ Der Hase aber lachte sich krumm und schief und rief der Alten spottend zu: „Los! Schneller! Schneller!“ Er selbst ließ sich Zeit. Er fraß erst noch etwas Klee, dann ruhte er sich ein bisschen aus und hielt ein kleines Schläfchen. Erst dann flitzte er los.

☐ Der Hase musste laut lachen, als er das hörte. Übermütig, wie er war, schlug er sofort einen Wettlauf vor. „Unser Ziel soll dort der Busch sein!“

1. Die Abschnitte in der Erzählung sind durcheinandergeraten. Bringe sie durch Nummerierung in die richtige Abfolge.

2. Schreibe den Text in der richtigen Reihenfolge ab.

3. Z Wie könnte der Hase auf den Sieg der Schnecke reagieren? Schreibe auf.

Lösungen Seite 53/54

Halte bei der Nacherzählung die Reihenfolge ein.
Schreibe nur das Wichtige.

1. Beantworte die Fragen in ganzen Sätzen.

a) Um welche Tiere geht es in der Geschichte auf der vorigen Seite?

____

b) Wo spielt die Geschichte?

____

c) Warum macht sich der Hase über die Schnecke lustig?

____

____

d) Was schlägt der Hase der Schnecke vor?

____

e) Was macht der Hase, bevor er losläuft?

____

____

____

f) Wer gewinnt das Rennen?

____

g) Was macht die Schnecke, als sie im Ziel ist?

____

____

h) Welche Eigenschaften haben die Tiere?

Der Hase ist ______________________________________

Die Schnecke ist ___________________________________

Die beiden Ziegen

Bei ihrem Zank achteten sie aber nicht mehr auf den schmalen Steg und plumpsten schließlich beide in das Wasser.

Auf einem schmalen Steg, der über einen wilden Bach führte, trafen sich zwei vornehme Ziegen. Die eine wollte herüber und die andere hinüber, doch sie konnten nicht aneinander vorbei.

So zankten sie eine Weile hin und her und näherten sich dabei immer mehr. Bald rieben sie ihre Köpfe mit den Hörnern aneinander und wollten sich mit Gewalt ihren Weg erkämpfen.

Da meckerte die eine: „Geh mir aus dem Weg! Ich bin vornehmer als du!“ „Du willst vornehmer sein?“, lachte die andere Ziege. „Schau mich nur an, dann siehst du gleich, wer von uns beiden vornehmer ist! Mach mir Platz!“ „Das ist ja unerhört!“, schrie die erste und machte sich richtig breit auf dem Steg.

1. Verbinde die Bilder mit den passenden Textteilen.
2. Schreibe den Text in der richtigen Reihenfolge ab. Unterstreiche die wichtigen Informationen.

Beachte beim Schreiben von Nacherzählungen Folgendes:

- **Halte die Reihenfolge in der Geschichte ein.**
- **Schreibe nur das Wichtige und erfinde nichts dazu.**
- **Schreibe in der 1. Vergangenheit.**
- **Erzähle lebendig. Verwende die wörtliche Rede.**
- **Achte auf verschiedene Satzanfänge und Abwechslung im Satzbau.**

Noah hat eine Nacherzählung von der Geschichte geschrieben:

Die beiden Ziegen

Über einen Bach führt ein schmaler Steg. Der Steg besteht aus zwei morschen Holzbrettern. Mitten auf dem Steg begegnen sich zwei Ziegen. Die eine Ziege hat ein glänzendes, schwarzes Fell. Die andere Ziege hat ein seidiges, weißes Fell.

Es ist Frühling. An beiden Ufern des Baches blühen die Obstbäume.

Jede Ziege will an das gegenüberliegende Ufer. Die Ziegen können nicht aneinander vorbeikommen. „He du, geh zurück!", ruft die eine Ziege. Die andere schreit zornig: „Geh du mir aus dem Weg!" Sie zanken immer wütender miteinander. Krachend prallen ihre Hörner aufeinander. Da bricht einer der beiden Ziegen ein Horn ab.

Schließlich verlieren sie das Gleichgewicht und stürzen in den Bach.

Die Wasserströmung reißt sie mit und erst weit unterhalb des Steges werden sie an Land gespült.

1. Hat Noah alle Tipps von Trolli in seiner Nacherzählung berücksichtigt? Kreuze an, was beachtet wurde.

- ☐ Halte die Reihenfolge der Geschichte ein.
- ☐ Schreibe nur das Wichtige und erfinde nichts dazu.
- ☐ Schreibe in der 1. Vergangenheit.
- ☐ Erzähle lebendig.
- ☐ Verwende die wörtliche Rede.
- ☐ Achte auf verschiedene Satzanfänge und Abwechslung im Satzbau.

2. Schreibe nun selbst eine Nacherzählung von der Geschichte. Beachte Trollis Tipps.

Der Dachs

Lilly hat angefangen, eine Gedankensammlung (Cluster) zum Dachs zu schreiben. Sie hat den Clusterkern und die Oberbegriffe farbig eingekreist. Zu einigen Oberbegriffen hat sie auch schon Stichwörter gefunden.

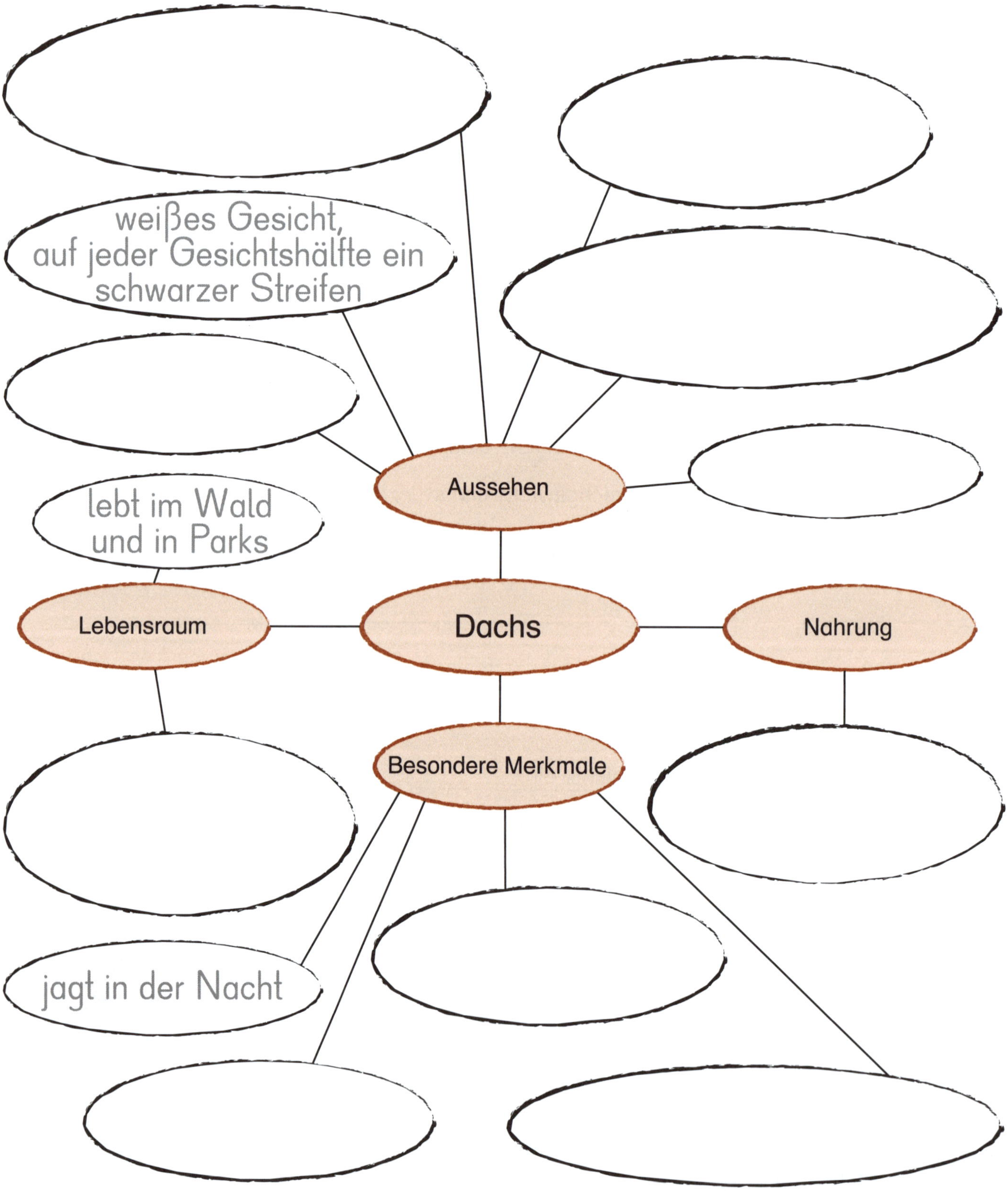

Dachs

Aussehen
- weißes Gesicht, auf jeder Gesichtshälfte ein schwarzer Streifen

Lebensraum
- lebt im Wald und in Parks

Nahrung

Besondere Merkmale
- jagt in der Nacht

 Lösungen Seite 54

1. Ordne die Stichwörter den Oberbegriffen zu und trage sie in das Cluster auf Seite 36 ein.

- lange Schnauze, die sich prima zum Schnüffeln unter der Erde eignet
- wohnt tagsüber in seinem Dachsbau, der tief unter der Erde ist
- frisst Obst, Samen, Knollen, Pilze und kleine Tiere
- hält Winterruhe
- kurze Beine
- Paare bleiben lebenslang zusammen
- Fell: Bauch ist schwarz, Rücken ist grau
- kann schnell laufen und gut schwimmen
- Vorderbeine mit langen, scharfen Krallen zum Graben
- kleine Ohren mit weißem Rand

In einem Sachtext über ein Tier stehen Angaben zu Aussehen, Lebensraum, Nahrung und den besonderen Merkmalen.

2. Schreibe mithilfe des Clusters einen Sachtext.
Versuche, ihn nach den Oberbegriffen zu ordnen.

Der Dachs

Aussehen:

Sachtexte über Tiere schreiben

1. Suche dir ein Tier aus, über das du schreiben möchtest. Sammle Informationen in Büchern, Zeitschriften oder im Internet.

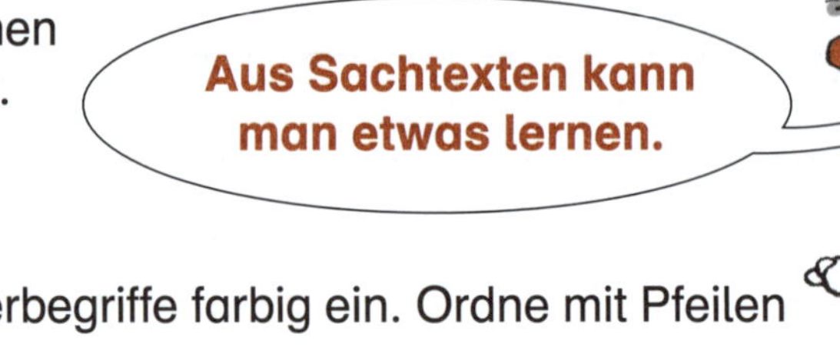

2. Schreibe eine Gedankensammlung (Cluster) zu diesem Tier.
Kreise den Clusterkern und die Oberbegriffe farbig ein. Ordne mit Pfeilen deine Ideen den Oberbegriffen zu.

3. Schreibe über dieses Tier einen Sachtext.
Versuche deinen Sachtext nach Oberbegriffen zu ordnen.

4. 

Einigt euch in einer Gruppe auf ein Tier, das ihr eurer Klasse vorstellen wollt.
Erstellt ein Plakat mit einem Cluster, mit Bildern von dem Tier und Texten über das Tier.

Träume

1. Lies den Text aufmerksam.
2. Überlege dir eine Überschrift, die neugierig macht.
3. Schreibe einen passenden Schluss.

Tom und Max klettern in einer Burgruine umher. In dem alten Gemäuer können die Jungen prima Verstecken spielen. „Wie schade, dass wir nicht auf den Burgturm klettern können“, meint Tom. „Leider führt keine Treppe mehr hinauf“, antwortet Max.
Heute verspotten sie den Burggeist. Sie rufen und lachen: „Hallo, Burggeist! Wo bist du? Zeig dich doch mal, wenn es dich wirklich gibt!“ Abends sinken beide Jungen ermüdet ins Bett.
Tom fühlt plötzlich, wie etwas Weiches über sein Gesicht streicht. Ein weißes Gewand flattert um eine Gestalt herum. Tom erschrickt. „Du hast mich gerufen“, flüstert eine fremde Stimme.
„Hier bin ich. Ich bin der Burggeist.“ Tom antwortet mutig: „Ich möchte einmal ganz oben auf dem Burgturm stehen!“
„Deinen Wunsch will ich dir erfüllen“, lacht der Burggeist schadenfroh. Er hüllt Tom in sein weites Gewand und schwebt mit ihm durch das Fenster hinaus zur Ruine. Oben auf dem Burgturm stellt er Tom auf die Füße. Im Mondlicht liegt sein Heimatdorf unter ihm im Tal. Die Sterne funkeln. Tom staunt über den weiten, hohen Himmel. Eine Fledermaus flattert dicht an seinem Kopf vorbei. Es wird ihm unheimlich. Er hat Angst. Schließlich fängt er an zu zittern und friert ganz schrecklich. Er möchte wieder in sein warmes Bett zurück. Aber könnt ihr euch seinen Schreck vorstellen, als er merkt, dass der Burggeist verschwunden ist?
Tom schreit so laut er kann: „Hilfe! Hilfe!“

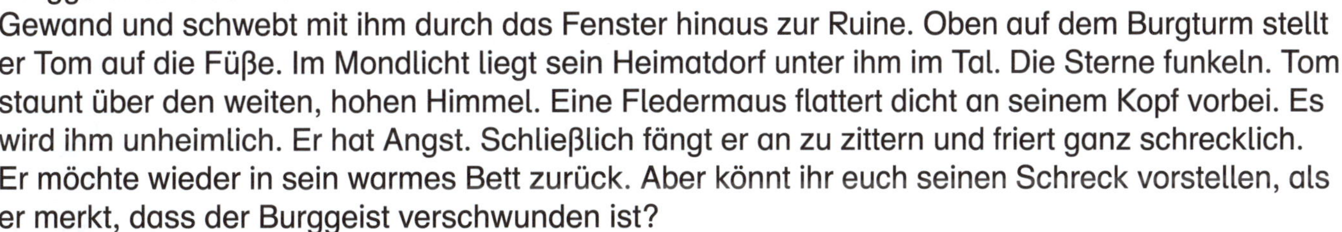

Den Traum erzählst du im Hauptteil. Einleitung und Schluss spielen in der Wirklichkeit.

1. Schreibe eine Traumgeschichte. Die Bilder helfen dir.
Wie geht der Traum weiter? Male ein passendes Bild dazu.
Überlege dir auch eine Überschrift.

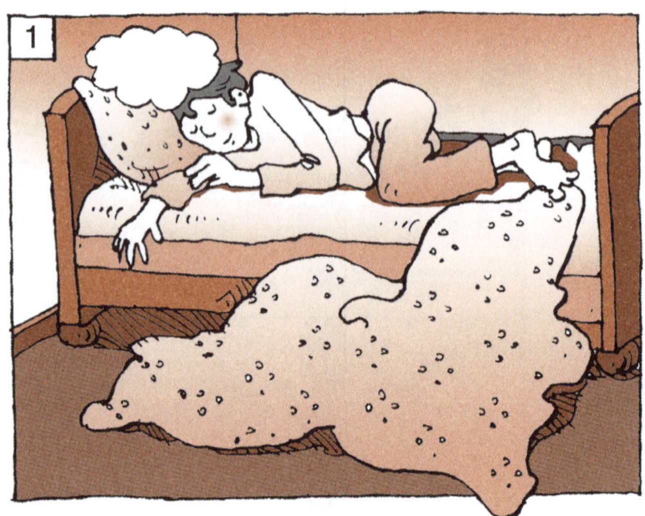

2. Z Schreibe eine eigene Traumgeschichte.

Traumgeschichten schreiben

Lorenz hat eine Traumgeschichte geschrieben. Er bespricht sie mit anderen Kindern in einer Schreibkonferenz.

Meine Traumgeschichte

Max ging früh ins Bett, weil er vor dem Einschlafen noch lesen will. Z
Dann liest er von Seeräubern, die eine Schatzkiste auf einer einsamen Sa
Insel verstecken. Dann fallen Max die Augen zu und er schläft ein.
Max träumte von einer Schatzkiste. Er möchte die Schatzkiste suchen.
Er steigt in ein Boot und segelt aufs Meer hinaus. Dann erblickt er am
Horizont eine einsame, kleine Insel. Er steuert auf die Insel zu.
Dann geht er an Land. Mitten auf der Insel steht ein uralter Baum.
Max durchsucht die Baumhöhlen. Dann findet er die Schatzkiste.
Als er den Deckel hebt, glitzert ihm goldener Schmuck entgegen.
Er schreit laut auf vor Freude, denn nun ist er reich.
Von dem Schrei erwachte er. Vater kommt an sein Bett und fragt,
warum er geschrien hat. Max erzählt seinen Traum.

1. Was soll Lorenz in seiner Geschichte verbessern? Sprecht darüber.

2. Damit sich Lorenz die Verbesserungsvorschläge merken kann, haben sich die Kinder Korrekturzeichen ausgedacht. Markiere am Rand der Geschichte die Textstellen mit dem passenden Korrekturzeichen.

Sa: Satzanfang verändern
Z: Zeitform verbessern
WR: Wörtliche Rede ergänzen

3. Überarbeite Lorenz' Traumgeschichte.

4. Besprecht eure Traumgeschichten in einer Schreibkonferenz und überarbeitet sie dann. Verwendet Korrekturzeichen.

5. Schreibe deine korrigierte Traumgeschichte in Schönschrift auf oder gestalte sie mit dem Computer.

Vineta

Die Sage von Vineta erzählt von der Stadt Vineta, die in der Ostsee versunken sein soll. Auf dem Meeresgrund leben die Menschen dort ewig weiter. Sie können nicht sterben, und darüber sind sie nicht glücklich. Man erzählt sich, dass die Stadt alle hundert Jahre einmal aus dem Meer auftaucht. Dann können die Bewohner erlöst werden. Manch einer hat die Stadt im Nebel auftauchen sehen.

Der Schiffsjunge Jens und der Matrose Jan waren mit dem Schiff auf der Ostsee unterwegs. Sie unterhielten sich über die seltsamen Zufälle, die sich in Vineta begeben haben sollen. Jan beschloss, die Bewohner der Stadt zu erlösen.

1. Auf den Bildern kannst du sehen, wie sich Jan zur Stadt Vineta aufmacht.
   Schreibe zu jedem Bild einige Stichwörter.

Nebel über dem Meer

Jan nahm Abschied

Jan ruderte nach Vineta

Eine Sage erzählt Dinge, die schon sehr, sehr lange her sind. Deshalb schreibt man eine Sage immer in der Vergangenheit.

Der Matrose Jan erreichte die Stadt Vineta.

1. Schreibe nach den Bildern, wie es ihm dort erging.

Ankunft in Vineta

Begrüßung in Vineta

Jan wurde beschenkt

Geschenk des kleinen Mädchens

Wer die Menschen in Vineta erlösen wollte, musste eine Prüfung bestehen.
Die Prüfung war immer verschieden und niemand hatte sie jemals bestanden. Niemand in der Stadt wusste, wann die Prüfung stattfinden sollte. Sie kam immer überraschend. So wusste auch Jan nicht, wann er auf die Probe gestellt werden würde.

1. Die Bilder zeigen dir, wie die Probe für Jan aussah und ob er sie bestand. Schreibe zu jedem Bild kurze Sätze. Lies den Schluss zuerst.

Die Probe

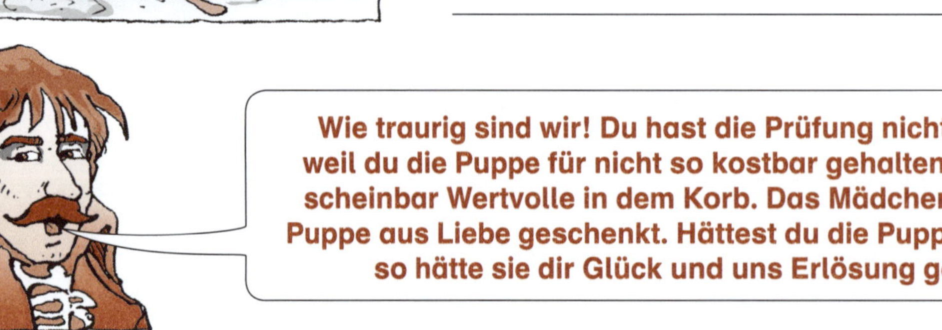

Lösungen Seite 54

Eine Sage erzählt uns Interessantes aus früheren Zeiten. Aber eine Sage enthält auch viele Dinge, die es nicht gegeben haben kann.

- Die Stadt taucht alle hundert Jahre an der Wasseroberfläche auf.
- Die Menschen meinen, in dem dichten Nebel die Häuser und Türme einer Stadt zu erkennen.

- Eine Stadt ist im Meer untergegangen.
- Die Menschen leben in der untergegangenen Stadt auf dem Meeresgrund weiter.

- Jan ist im Laufe seines Lebens reich geworden.
- Die Leute aus Vineta haben Jan reich gemacht.

- Jan rudert auf eine Nebelwand zu.
- Jan besucht die versunkene Stadt.

1. Schreibe die Dinge auf, die es in Wirklichkeit nicht gegeben haben kann.

____

____

____

____

____

2. Erzähle die Sage von Vineta mit deinen eigenen Worten nach.
Beachte dabei Trollis Tipps von Seite 35.

Eine Reizwortgeschichte mit 3 Reizwörtern

In deiner Geschichte sollen diese Wörter vorkommen:

Sturz

Armbruch

1. Was fällt dir zu den 3 Wörtern ein? Denke nach.

2. Ordne deine Gedanken. Diese Fragen helfen dir dabei.

- Wer war dabei? ______________________________

____

- Was geschah? ______________________________

____

____

- Was war die Folge? ______________________________

____

____

- Wo passierte es? ______________________________
- Wann passierte es? ______________________________

3. Wie beginnt deine Geschichte? Schreibe die Einleitung.

____

____

____

____

4. Schreibe deine Geschichte auf.
Denke dir auch einen Schluss und eine passende Überschrift aus.

Die Reizwörter müssen in deiner Geschichte vorkommen. Wähle eine passende Überschrift, die neugierig macht.

Tom wünscht sich ein neues Fahrrad

Mutter, Vater, Anna und Tom sitzen um den Tisch herum. Sie überlegen, ob Tom ein neues Fahrrad bekommen kann.

Alle meine Freunde haben ein großes Fahrrad.

Ich pflege mein Fahrrad ganz allein.

Mein Fahrrad ist zu klein. Ich brauche ein größeres Fahrrad.

Im 4. Schuljahr machen wir die Radfahrprüfung. Dafür brauche ich ein verkehrssicheres Fahrrad.

Ich brauche noch kein neues Fahrrad, deshalb kann Tom eines bekommen.

Ich möchte mit dem Fahrrad zur Schule fahren.

Mein Sparguthaben von 90 Euro gebe ich zum Kaufpreis dazu.

Der Schulweg ist sehr gefährlich, weil dort keine Radfahrwege sind.

Wenn du ein neues Fahrrad bekommst, dann möchte Anna bestimmt auch ein neues Fahrrad haben.

Du musst das Fahrrad gut putzen und ölen, damit es lange hält.

Ein neues Rad ist sehr teuer. Es kostet ungefähr 300 Euro.

Auch im Winter und bei Regenwetter ist der Schulweg mit dem Fahrrad gefährlich.

1. Schreibe auf, wie Tom seinen Wunsch begründet.
Notiere die Einwände der Eltern.
Schreibe auf, was Anna dazu meint.
Trage alles in eine Tabelle ein:

Toms Meinung	Die Meinung der Eltern	Annas Meinung

2. Ob Tom ein Fahrrad bekommt? Schreibe deine Meinung auf und begründe sie.

 Lösungen Seite 54

Die Fahrradpanne

Ole und Leon machen in den Ferien mit ihren Eltern eine Fahrradtour zur Jugendherberge Burg Lahnstein. Unterwegs hat Ole einen platten Reifen. Weil sie nicht weit von der Jugendherberge entfernt sind, schiebt er sein Rad dorthin.
Der Herbergsvater stellt Ole das Material zur Verfügung, das er braucht, um das Loch im Reifen zu finden und den Reifen zu flicken.

1. Kreise die Dinge rot ein, die Ole zum Flicken des Fahrradschlauches braucht.

2. Kreise die restlichen Dinge blau ein. Diese braucht Ole, um das Loch im Schlauch zu finden.

3. Trage die Dinge, die du eingekreist hast, in die Tabelle ein.

Was braucht Ole, um das Loch im Schlauch zu finden?	Was braucht Ole, um das Loch im Schlauch zu flicken?

Lösungen Seite 54

Bevor du einen Fahrradschlauch flicken kannst, musst du herausfinden, wo sich das Loch befindet.

1. Bringe die Bilder in die richtige Reihenfolge. Nummeriere sie.

Aus dem Loch steigen Luftbläschen auf.

Schlauch gut aufpumpen.

Schlauch aus dem Wasser nehmen.

Schlauch in einen Eimer mit Wasser drücken.

Mit einem Stift das Loch markieren.

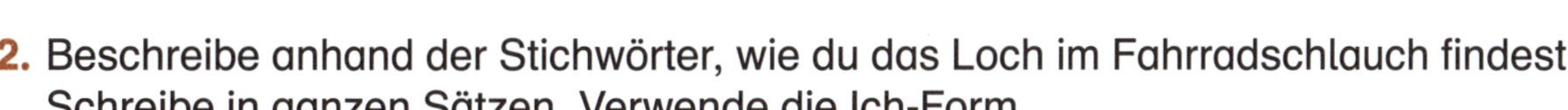

2. Beschreibe anhand der Stichwörter, wie du das Loch im Fahrradschlauch findest. Schreibe in ganzen Sätzen. Verwende die Ich-Form.

Ich pumpe

Notiere dir bei einer Reparaturanleitung jeden Arbeitsschritt.
Schreibe immer in der Gegenwart und verwende abwechslungsreiche Satzanfänge.

1. Ole hat eine Reparaturanleitung geschrieben.
Hier beginnen alle Sätze mit **ich**. Schreibe die Anleitung mit abwechslungsreichen Satzanfängen. Aufgepasst! Das Wort am Satzanfang wird großgeschrieben.
Die folgenden Satzanfänge helfen dir: **nun, jetzt, danach, dann, zuerst, anschließend, damit, schließlich, dabei, zuletzt, endlich**.

Einen Fahrradschlauch flicken

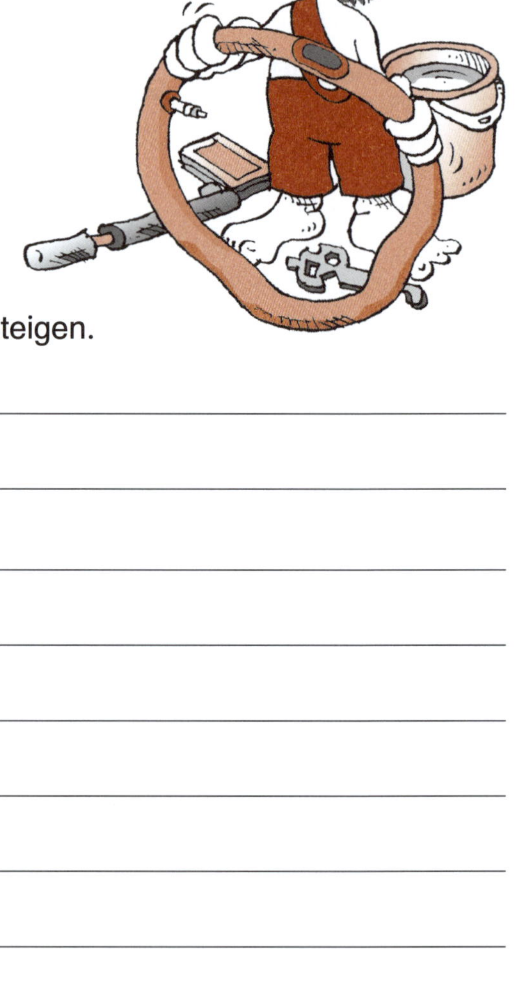

- Ich trockne die markierte Lochstelle mit dem Tuch ab.
- Ich reibe mit dem Schmirgelpapier über diese Stelle.
- Ich gebe Kleber auf die angeraute Stelle.
- Ich warte ungefähr fünf Minuten.
- Ich lege ein Fahrradpflaster auf die markierte Stelle.
- Ich drücke das Fahrradpflaster ungefähr zwei Minuten mit dem Daumen fest an.
- Ich pumpe den Schlauch zur Kontrolle noch einmal auf.
- Ich drücke ihn wieder unter Wasser.
- Ich weiß, dass er dicht ist, wenn keine Bläschen mehr aufsteigen.

2.  Schreibe eine Anleitung zum Anfertigen einer Gipsmaske.

Erzählung – Einteilung

Seite 4 ▶ Nr. 1 ▶ Reihenfolge: 2, 1, 3

Seite 5 ▶ Nr. 1 ▶ Wortfeld schnell: hastig, flink, blitzschnell, geschwind, rasch, flott, eilig
Wortfeld langsam: vorsichtig, gemächlich, träge, schwerfällig, gemütlich, schleppend, lahm

Erzählung – Hauptteil

Seite 6 ▶ Nr. 1 ▶ Reihenfolge: 6, 2, 4, 1, 5, 3

Seite 8 ▶ Nr. 1 ▶ Das Kreuz soll nach dem Satz stehen: „Das kann in den Bergen gefährlich werden."

Seite 9 ▶ Nr. 1 ▶ jauchzen, jubeln, lächeln, strahlen, kichern, grinsen, schmunzeln

▶ Nr. 2 ▶ strahlen, jubeln, kichern, lächelt, schmunzelt

▶ Nr. 3 ▶ Wortfeld weinen: schluchzen, jammern, klagen, wimmern, schreien, jaulen, kreischen, heulen

Erzählung – Einleitung

Seite 10 ▶ Nr. 2 ▶ Sätze unterstreichen: „Sie will Lena … bis … wird Lena zornig und bockig."

Seite 11 ▶ Nr. 1 ▶ Wortfeld gehen: eilen, bummeln, laufen, rennen, stapfen, springen, schreiten, schleichen, humpeln, marschieren
Wortfeld fahren: abfahren, rasen, befördern, rollen, tuckern, anfahren, kutschieren, lenken, verreisen, steuern

▶ Nr. 2 ▶ schleicht, abfahren, stapfen, befördern, humpelt, tuckert

Erzählung – Schluss

Seite 12 ▶ Nr. 2 ▶ ankreuzen: Schluss

Seite 13 ▶ Nr. 1 ▶ Wortfeld leicht: einfach, erträglich, federleicht, mühelos
Wortfeld schwer: gewichtig, mühevoll, schwierig, unerträglich, beschwerlich, schlimm
Wortfeld helfen: mithelfen, aushelfen, behilflich sein, zu Hilfe kommen, unterstützen

▶ Nr. 2 ▶ mühevoll, schwierige, einfach, unerträgliche, erträglich, mühelos, federleicht, beschwerlich, schlimme, gewichtiges

Wörtliche Rede

Seite 14 ▶ Nr. 2 ▶ ruft, antwortet, spricht, fragt, erwidert, meint, erklärt, freut sich, verabschiedet sich

Seite 15 ▶ Nr. 2 ▶ spricht, ruft, plappert, erzählt, reden

Seite 18 ▶ Nr. 1 ▶ „Olli, du musst dir noch die Hände waschen, gleich hast du Klavierunterricht", ruft die Mutter. Olli antwortet: „Nicht nötig, ich spiele heute nur auf den schwarzen Tasten."

Zwei Tausendfüßler treffen sich beim Bäcker. Der eine fragt den anderen: „Ich habe deine Frau schon lange nicht mehr gesehen. Wo ist sie denn?" Der andere antwortet: „Sie ist vor einem Monat Schuhe kaufen gegangen."

Kai fällt in den See. Ein Mann rettet ihn und fragt: „Warum bist du denn nicht geschwommen?“ Kai antwortet: „Auf dem Schild steht doch: SCHWIMMEN VERBOTEN!“

▶ Nr. 2 ▶ Lehrer Eckert möchte die Namen seiner Schüler erfahren.
Der erste meldet sich: „Ich heiße Achim.“ Der Lehrer entgegnet: „Das heißt aber doch Joachim.“ Der nächste Schüler meldet sich: „Mein Name ist Sepp.“ Da sagt Lehrer Eckert: „Eigentlich heißt das aber doch Josef.“ Nun fragt er einen anderen Schüler: „Und wie ist dein Name?“ Dieser antwortet: „Ich bin Jokurt.“

Seite 19 ▶ Nr. 2 ▶ Tim kauft mit seiner Mutter auf dem Wochenmarkt ein. Sie kommen an einer Eisdiele vorbei. Tim möchte sich ein Eis holen. Er bittet seine Mutter: „Gibst du mir etwas Geld für ein Eis?“ „Verliere das Geld bitte nicht!“, mahnt die Mutter. Tim verspricht: „Ich passe bestimmt auf den Euro auf.“ „Warum kommst du ohne das Eis?“, wundert sich die Mutter.

Ausrufe und Fragen

Seite 20 ▶ Nr. 1 ▶ rot unterstreichen: Könnt ihr euch meine Angst vorstellen? Meint ihr nicht auch?
blau unterstreichen: Schade, dass nicht alle mitkommen wollten! Das wäre schade! Hurra, es ging los! Oh Schreck! Was war das?

Seite 21 ▶ Nr. 1 ▶ Wie tief mag der See sein? Also raus aus den Kleidern und rein in die Badesachen! Hurra, hinein ins Vergnügen! Das machte Spaß! Ach du Schreck, das hatte uns noch gefehlt! Oha, das war nicht einfach! Hättet ihr das auch getan? Puh, das war geschafft! Meint ihr nicht auch?

Unterschiedliche Satzanfänge

Seite 22 ▶ Nr. 2 ▶ Ich lief mit dem Geld los. Auf der Straße schaute ich den Kindern beim Spielen zu. Ein Weilchen spielte ich noch mit ihnen. Bei der Post kaufte ich vier Briefmarken. Im Supermarkt holte ich vierzig Würstchen. Mit dem schweren Korb ging ich dann nach Hause.

▶ Nr. 3 ▶ Ich kaufte bei der Post vier Briefmarken.
Bei der Post kaufte ich vier Briefmarken.
Vier Briefmarken kaufte ich bei der Post.
Kaufte ich bei der Post vier Briefmarken?

Lange Sätze teilen

Seite 24 ▶ Nr. 3 ▶ In einem kleinen Städtchen in der Schweiz übernachteten einmal zwei Touristen. Sie waren müde vom Wandern.
Abends gingen die beiden zu Bett. Sie zogen ihre Schlafanzüge an. Der eine holte ein paar Pantoffeln aus seinem Rucksack.

Seite 25 ▶ Nr. 1 ▶ Er schlüpfte in die Pantoffeln. Der Mann band sie an den Füßen fest. Er stieg so in sein Bett. Da fragte der andere: „Guter Freund, warum ziehst du die Pantoffeln im Bett an? Warum willst du damit schlafen?“ Darauf antwortete der eine: „Wegen der Vorsicht! Ich bin einmal im Traum in eine Glasscherbe getreten. Da habe ich im Schlaf große Schmerzen gehabt. Deshalb will ich nie mehr barfuß schlafen.“

Seite 26 ▶ Nr. 3 ▶ Ein Pfarrer pflegte seinen Garten mit viel Liebe. Er freute sich vor allem an seinen Apfelbäumen. Jedes Jahr im Herbst stiegen aber ungebetene Gäste über seinen Zaun. Sie hatten es auf die leckeren Äpfel abgesehen. „Wollt ihr wohl verschwinden, ihr Apfelräuber!“, rief der Herr Pfarrer ärgerlich. Die kleinen Diebe liefen schleunigst davon. Sie kamen aber heimlich immer wieder. Als sich die Jungen und Mädchen unter dem Fenster des Pfarrhauses auch noch um die schönsten Äpfel stritten, wurde es dem Pfarrer zu bunt. Zornig schrieb er ein Schild. Dieses befestigte er am Gartenzaun. Auf dem Schild stand: „Lasst das Stehlen. Gott sieht alles.“ Am nächsten Tag war darunter zu lesen: „Aber er verrät uns nicht.“

Erzählzeit

Seite 27 ▶ Nr. 3 ▶ steht – stand, schaut – schaute, kommt – kam, fährt – fuhr, nähert – näherte, herrscht – herrschte, fährt – fuhr, streift – streifte, stürzt – stürzte, saust – sauste, kümmert – kümmerte, merkt – merkte, rennt – rannte, weint – weinte, jammert – jammerte, tut weh – tat weh, informiert – informierte, telefoniert – telefonierte, bringt – brachte, notiert – notierte, angibt – angab, dankt – dankte

Seite 29 ▶ Nr. 1 ▶ Ich stand am Fenster und schaute auf die Straße. Da kam meine Freundin Laura auf dem Fahrrad um die Ecke. Sie fuhr vorschriftsmäßig auf der rechten Straßenseite. Von hinten näherte sich mit hoher Geschwindigkeit ein Auto. Weil Gegenverkehr herrschte, fuhr das Auto scharf rechts. Im Vorbeifahren streifte das Auto Lauras Fahrrad. Laura stürzte zu Boden. Der Autofahrer sauste weiter. Er kümmerte sich nicht um Laura. Ich merkte mir die Autonummer und rannte nach draußen zu Laura. Sie weinte und jammerte: „Aua, mein Bein tut weh.“ Per Handy informierte ich den Krankenwagen und die Polizei. Ich telefonierte auch mit Lauras Eltern. Der Krankenwagen brachte Laura ins Marienkrankenhaus. Die Polizistin notierte sich die Autonummer, die ich ihr angab. Sie dankte mir für mein richtiges Verhalten.

Merkmale für eine gute Erzählung

Seite 30 ▶ Nr. 1 ▶ Nicht angekreuzt werden: Nr. 3, 6, 9, 11, 13, 16, 18

Seite 31 ▶ Nr. 2 ▶ Treffende Tunwörter (Verben) machen eine Erzählung lebendig (3).
Wiewörter (Adjektive) machen eine Geschichte besser verständlich (6).
Der Hauptteil muss ausführlich sein (9).
Die Einleitung soll kurz sein (11).
Kurze Sätze sind verständlich (13).
Die Überschrift soll dem Leser nicht zu viel verraten (16).
Lange Sätze sind für den Leser nicht leicht verständlich (18).

Nacherzählungen schreiben

Seite 32 ▶ Nr. 1 ▶ Reihenfolge: 6, 1, 4, 2, 5, 3

Seite 33 ▶ Nr. 1 ▶ a) In der Geschichte geht es um einen Hasen und eine Schnecke.

b) Die Geschichte spielt auf einem Weg bei einer Wiese.

c) Der Hase macht sich über die Langsamkeit der Schnecke lustig.

d) Der Hase schlägt der Schnecke einen Wettlauf vor.

e) Der Hase frisst Klee, dann ruht er sich aus und hält ein kleines Schläfchen.

f) Die Schnecke gewinnt das Rennen.

g) Die Schnecke trocknet ihre Schweißperlen ab und lacht den Hasen aus.

h) Der Hase ist übermütig, dumm und frech.
Die Schnecke ist langsam, klug und bescheiden.

Seite 34 ▶ Nr. 1 ▶ Bild 1 – zu Text 2, Bild 2 – zu Text 4, Bild 3 – zu Text 3, Bild 4 – zu Text 1

Seite 35 ▶ Nr. 1 ▶ Nicht beachtet wurde:
- Schreibe nur das Wichtige und erfinde nichts dazu.
- Schreibe in der 1. Vergangenheit.

Sachtexte über Tiere schreiben

Seite 37 ▶ Nr. 1 ▶ Aussehen: kleine Ohren mit weißem Rand; lange Schnauze, die sich prima zum Schnüffeln unter der Erde eignet; Fell: Bauch ist schwarz, Rücken ist grau; Vorderbeine mit langen, scharfen Krallen zum Graben; kurze Beine
Lebensraum: wohnt tagsüber in seinem Dachsbau, der tief unter der Erde ist
Nahrung: frisst Obst, Samen, Knollen, Pilze und kleine Tiere
Besondere Merkmale: hält Winterruhe; kann schnell laufen und gut schwimmen; Paare bleiben lebenslang zusammen

Sagen erzählen

Seite 45 ▶ Nr. 1 ▶ Nicht wirklich gibt es: Die Stadt taucht alle hundert Jahre an der Wasseroberfläche auf. Die Menschen leben in der untergegangenen Stadt auf dem Meeresgrund weiter. Die Leute aus Vineta haben Jan reich gemacht. Jan besucht die versunkene Stadt.

Vorgangsbeschreibungen verfassen

Seite 48 ▶ Nr. 1 ▶ rot einkreisen: trockenes Tuch, Schmirgelpapier, Kleber, Fahrradpflaster

▶ Nr. 2 ▶ blau einkreisen: Eimer mit Wasser, Schreibstift, Luftpumpe

Seite 49 ▶ Nr. 1 ▶ 2, 1, 4, 3, 5

Wörterliste mit Grundwortschatz

Der Grundwortschatz umfasst ungefähr 700 Wörter.
Er ist in diesem Arbeitsheft für die Jahrgänge 1 bis 4 zusammengestellt. Der Grundwortschatz für die Jahrgänge 3 und 4 ist fett markiert. Der Grundwortschatz der 1./2. Jahrgangsstufe ist mager gedruckt, weil er dir bereits bekannt sein muss.

Häufig gebrauchte Wörter

ab
aber
als
also
am
an
auf
aus
bei
bin
bis
bist
da
dann
das
dass
dein, deine, deiner
dem
den
denn
der
des
dich
die
dies, diese, dieser
dir

doch
du
durch
ein, eine, einer
er
es
euch
euer, eure
für
ganz, ganze, ganzer
her
hier
hin
hinter
ich
ihm
ihn, ihnen
ihr, ihre
im
immer
in
ins
ist
ja
jede, jeder, jedes
kein, keine, keiner

man
mein, meine, meiner
mich
mir
mit
nach
nein
nicht
nichts
nie
nun
nur
ob
oder
oft
schon
sehr
sein, seine, seiner
seit
sich
sie
sind
so
über
um
und

uns, unser, unsere
unten, unter
viel
vom
von
vor
wann
warum
was
weil
weiter
welche, welcher, welches
wem
wen
wenig
wenn
wer
wie
wieder
wir
wo
zu
zum
zur
zusammen

A

Abend, Abende
acht
Affe, Affen
ähnlich
alle, alles
alt, älter
Ampel, Ampeln
ändern, ändert
anders
Angst, Ängste
ängstlich
antworten, antwortet
Apfel, Äpfel
April
arbeiten, arbeitet
ärgern, ärgert
Arm, Arme
Arzt, Ärzte
Ärztin, Ärztinnen
Ast, Äste
Aufgabe, Aufgaben
aufräumen, räumt auf
aufwecken, weckt auf
Auge, Augen
August
außen
Auto, Autos

B

Baby, Babys
backen, backt
Bäcker, die Bäcker
baden, badet
Bahn, Bahnen
Ball, Bälle
Bank, Bänke
Bauch, Bäuche
bauen, baut
Baum, Bäume
beginnen, beginnt, begann, begonnen
Bein, Beine
Beispiel, Beispiele
beißen, beißt, biss, gebissen
beobachten, beobachtet
bequem
bereit
bereits
Beruf, Berufe
besser
Bett, Betten
bevor
bewegen, bewegt
bezahlen, bezahlt
biegen, biegt, bog, gebogen
Biene, Bienen
Bild, Bilder
Birne, Birnen
bisschen
bitten, bittet, bat, gebeten
Blatt, Blätter
blau
bleiben, bleibt, blieb, geblieben
Blick, Blicke
blicken, blickt
blind
Blinde, Blinden
Blitz, Blitze
blitzen, blitzt
Block, Blöcke
bloß
blühen, blüht
Blume, Blumen
Blüte, Blüten
Boden, Böden
bohren, bohrt
Boot, Boote
böse
boxen, boxt
Brand, Brände
braun
brav
brennen, brennt, brannte, gebrannt
Brief, Briefe

Brille, Brillen
bringen, bringt, brachte, gebracht
Brot, Brote, Brötchen
Brücke, Brücken
Bruder, Brüder
Buch, Bücher
bunt
Busch, Büsche

C

Cent, Cents
Christ, Christen
Christbaum, Christbäume
Clown, Clowns
Computer, die Computer

D

danken, dankt
Decke, Decken,
denken, denkt, dachte, gedacht
deutlich
deutsch
Deutschland
Dezember
dick
Dienstag, Dienstage
Diskette, Disketten
Donner
donnern, donnert
Donnerstag, Donnerstage
Drache, Drachen
Draht, Drähte
draußen
Dreck
dreckig
drehen, dreht
drei
Druck
drücken, drückt
dumm
Dummheit
dunkel
dünn
Durst
durstig

E

Ecke, Ecken
eckig
ehrlich
Ei, Eier
eigentlich
eins
Elefant, Elefanten
elf
Eltern
empfinden, empfindet, empfand, empfunden
empfindlich
Ende, Enden
eng
entdecken, entdeckt
Ente, Enten
entfernen, entfernt
Entfernung, Entfernungen
entgegen
entwickeln, entwickelt
Entwicklung, Entwicklungen
Erde
erklären, erklärt
erlauben, erlaubt
Erlaubnis
erleben, erlebt
Erlebnis, Erlebnisse
erschrecken, erschreckt, erschrak, erschrocken
erwarten, erwartet
Erwartung
erzählen, erzählt
Erzählung, Erzählungen
essen, isst, aß, gegessen
Eule, Eulen
Euro, Euros
Europa

F

fahren, fährt, fuhr, gefahren
fallen, fällt, fiel, gefallen
Familie, Familien
fangen, fängt, fing, gefangen
Februar
Fehler, die Fehler
fehlerfrei
fein
Feld, Felder
Fenster, die Fenster
Ferien
fernsehen, sieht fern
Fernseher, die Fernseher
fertig
fett
Fett
feucht
Feuchtigkeit
Feuer, die Feuer
Fichte, Fichten
finden, findet, fand, gefunden
Finger, die Finger
Fleiß
fleißig
fliegen, fliegt, flog, geflogen
fließen, fließt, floss, geflossen
Flügel, die Flügel
Flugzeug, Flugzeuge
Fluss, Flüsse
flüssig
Flüssigkeit, Flüssigkeiten
fragen, fragt
Frau, Frauen
frei
Freiheit
Freitag, Freitage
fremd
Fremde, Fremden
fressen, frisst, fraß, gefressen
freuen, freut
Freude
Freund, Freunde, Freundin, Freundinnen
Frieden
friedlich
frieren, friert, fror, gefroren
fröhlich
Fröhlichkeit
frisch
Frucht, Früchte
Frühling
Fuchs, Füchse
fühlen, fühlt
führen, führt
Führung
füllen, füllt
Füller, die Füller
fünf
Fuß, Füße

G

Gans, Gänse
Garten, Gärten
Gebäude, die Gebäude
geben, gibt, gab, gegeben
Geburt, Geburten
Geburtstag, Geburtstage
Gefahr, Gefahren
gefährlich
Gefühl, Gefühle
geheim
Geheimnis, Geheimnisse
gehen, geht, ging, gegangen
gelb, gelbe
Geld, Gelder
Gemeinde, Gemeinden
Gemüse
Geschäft, Geschäfte, schaffen, schafft
geschehen, geschieht, geschah, geschehen
Gesetz, Gesetze
Gesicht, Gesichter
gestern
gesund, gesunde
gewinnen, gewinnt, gewann, gewonnen
Gewitter
gießen, gießt, goss, gegossen
Giraffe, Giraffen
glatt
Glück
glücklich
glühen, glüht
Gott
Gras, Gräser
groß
grün
grüßen, grüßt
gut

H

Haar, Haare
haben, hat, hatte, gehabt
Hals, Hälse
halten, hält, hielt, gehalten
Hand, Hände
Handy, Handys
Hang, Hänge
hängen, hängt, hing, gehangen
hart, härter
Hase, Hasen
Haufen, die Haufen
häufig
Haus, Häuser
Haut, Häute
Hecke, Hecken
heiß
heißen, heißt, hieß, geheißen
heizen, heizt

Heizung, Heizungen
helfen, hilft, half, geholfen
hell
Hemd, Hemden
Herbst
Herr, Herren
herstellen, stellt her
Herstellung
heute
Hexe, Hexen
Hilfe
Himmel, die Himmel
Hitze
hoffen, hofft
hoffentlich
Höhe, Höhen
hohl
Höhle, Höhlen
hören, hört
Hose, Hosen
Hund, Hunde
hundert
Hunger
hungrig

I

Igel, die Igel
impfen, impft
Impfung, Impfungen
informieren, informiert
Information, Informationen
interessant
Interesse, Interessen

J

Jacht, Jachten, auch: Yacht, Yachten
Jahr, Jahre
Januar
jemand, jemanden
Jugend
jugendlich
Juli
jung
Junge, Jungen
Juni

K

Käfer, die Käfer
Käfig, Käfige
Kalender, die Kalender
kalt
Kälte
Kamm, Kämme
Katze, Katzen
kaufen, kauft
kennen, kennt, kannte, gekannt
Kiefer, Kiefern
Kind, Kinder
klar
Klasse, Klassen
Kleid, Kleider
klein
klettern, klettert
kommen, kommt, kam, gekommen
Kompass, Kompasse
können, kann, konnte, gekonnt
Kopf, Köpfe
Körper, die Körper
Kraft, Kräfte
kräftig
krank, kränker
kratzen, kratzt
Kraut, Kräuter
Kreuz, Kreuze
Kreuzung, Kreuzungen
kriechen, kriecht, kroch, gekrochen
Krieg, Kriege
Kuh, Kühe
kühl
kühlen, kühlt
Kuss, Küsse

L

Land, Länder
lang, länger
Lärm
lassen, lässt, ließ, gelassen
Laub
laufen, läuft, lief, gelaufen
laut
leben, lebt
legen, legt
Lehrer, die Lehrer
Lehrerin, Lehrerinnen
leicht
leise
lernen, lernt
lesen, liest, las, gelesen
letzte, letzter
leuchten, leuchtet
Leute
Lexikon, Lexika
Licht, Lichter
lieb
lieben, liebt
Lied, Lieder
liegen, liegt, lag, gelegen
links
Löffel, die Löffel
Lohn, Löhne
Löwe, Löwen

M

machen, macht
Mädchen, die Mädchen
Magnet, Magnete
Mai
malen, malt
man
Mann, Männer
März
Maschine, Maschinen
Maß, Maße
Maus, Mäuse
Medien
Meer, Meere
mehr
messen, misst, maß, gemessen
Messer, die Messer
Miete, Mieten
Minute, Minuten
Mittag, Mittage
Mitte
Mittwoch
mixen, mixt
Monat, Monate
Montag, Montage
Moos, Moose
Morgen, die Morgen
Müll
Mund, Münder
müssen, muss, musste, gemusst
Mutter, Mütter

N

Nacht, Nächte
nah, näher
Nähe
Naht, Nähte
nähen, näht
Nahrung, ernähren, ernährt
Name, Namen
Nase, Nasen
nass, nässer
Nässe
Natur
natürlich
Nebel, die Nebel
nehmen, nimmt, nahm, genommen
neu
neun
niemals
niemand, niemanden
Nilpferd, Nilpferde
November
Nummer, Nummern
nummerieren
Nuss, Nüsse
nützen, nützt
nützlich

O

Obst
offen
ohne
Ohr, Ohren
Oktober
Onkel, die Onkel
Osterhase, Osterhasen
Ostern

P

Päckchen, die Päckchen
packen, packt
Paket, Pakete
Papier, Papiere
Pass, Pässe
passen, passt
Pferd, Pferde
pflanzen, pflanzt
pflegen, pflegt
Pilz, Pilze
Pizza, Pizzas/Pizzen
Platz, Plätze
plötzlich
Pommes
Programm, Programme
Puppe, Puppen

Q

Quadrat, Quadrate
quaken, quakt
Qual, Qualen
quälen, quält
Qualle, Quallen
Quelle, Quellen

R

Radio, Radios
raten, rät, riet, geraten
Rätsel, die Rätsel
Raum, Räume

Raupe, Raupen
rechnen, rechnet
rechts
Recycling
reden, redet
Regen
Reh, Rehe
reich
reisen, reist
reißen, reißt, riss, gerissen
rennen, rennt, rannte, gerannt
richtig
riechen, riecht, roch, gerochen, Geruch, Gerüche
Rock, Röcke
rollen, rollt
rot
Rücken, die Rücken
rufen, ruft, rief, gerufen
Ruhe
ruhig
rühren, rührt

S

Saft, Säfte
sagen, sagt
Salz, Salze
sammeln, sammelt
Sammlung, Sammlungen
Samstag, Samstage
Sand, sandig
Satz, Sätze
schaffen, schafft
Schall
schalten, schaltet
Schalter, die Schalter
scharf, Schärfe
Schatten, die Schatten
schauen, schaut
scheinen, scheint
Schere, Scheren
schieben, schiebt, schob, geschoben
schief
schimpfen, schimpft
schlafen, schläft, schlief, geschlafen
schlagen, schlägt, schlug, geschlagen
schließen, schließt, schloss, geschlossen
schließlich
Schlüssel, die Schlüssel
schmecken, schmeckt
Schmetterling, Schmetterlinge
Schmutz, schmutzig
Schnee
schneiden, schneidet, schnitt, geschnitten
schnell
schön
Schreck
schrecklich
schreiben, schreibt, schrieb, geschrieben
schreien, schreit, schrie, geschrien
Schuh, Schuhe
Schule, Schulen
schütteln, schüttelt
Schutz
schützen, schützt
schwarz
schweigen, schweigt, schwieg, geschwiegen
Schwester, Schwestern
schwierig, Schwierigkeit
schwimmen, schwimmt, schwamm, geschwommen
schwitzen, schwitzt
sechs
See, Seen
sehen, sieht, sah, gesehen
Seife, Seifen
Sekunde, Sekunden
September
setzen, setzt, besetzt
sieben
singen, singt, sang, gesungen
sitzen, sitzt, saß, gesessen
Skizze, Skizzen skizzieren, skizziert
Sohn, Söhne
sollen, soll
Sommer
Sonne, Sonnen
Sonntag, Sonntage
Spaghetti/Spagetti
sparen, spart
Spaß, Späße
spät, verspäten
Spaziergang, Spaziergänge
spazieren, spaziert
Spiegel, die Spiegel
spiegeln, spiegelt
spielen, spielt
spitz
Spitze, Spitzen
Sport
Stadt, Städte
Stamm, Stämme
Stange, Stangen
Stängel, die Stängel
stark, stärker
stärken, stärkt
stehen, steht, stand, gestanden
stellen, stellt
Steuer
steuern, steuert
Stiel, Stiele
Stift, Stifte
still
stimmen, stimmt
Stirn, Stirnen
Stoff, Stoffe
Strand, Strände
Straße, Straßen
Strauch, Sträucher
Strauß, Sträuße
Streit
streiten, streitet, stritt, gestritten
Strom, Ströme
strömen, strömt
Stück, Stücke
Stuhl, Stühle
Stunde, Stunden
Sturm, Stürme
stürmen, stürmt
stürmisch
suchen, sucht
süß
Süßigkeit, Süßigkeiten

T

Tag, Tage
Tanne, Tannen
Tante, Tanten
Tasche, Taschen
Tasse, Tassen
tausend, Tausende/ tausende
Taxi, Taxis
Technik, Techniken
Teddy, Teddys
Tee, Tees
Telefon, Telefone
Teller, die Teller
Temperatur, Temperaturen
Text, Texte
Theater, die Theater
Thermometer, die Thermometer
Tier, Tiere
tief
Tiefe
Tochter, Töchter
tragen, trägt, trug, getragen
Träne, Tränen
Traum, Träume
träumen, träumt
treffen, trifft, traf, getroffen
treu
trinken, trinkt, trank, getrunken
trocken
turnen, turnt

U

üben, übt
überqueren, überquert
Uhr, Uhren
umkehren, kehrt um
ungefähr
Unterricht
Urlaub

V

Vase, Vasen
Vater, Väter
verbieten, verbietet, verbot, verboten
verbrauchen, verbraucht
verbrennen, verbrennt, verbrannte, verbrannt
Verbrennung, Verbrennungen
Verein, Vereine
vereinen, vereint
vergessen, vergisst, vergaß, vergessen
Verkehr
verletzen, verletzt
Verletzung, Verletzungen
verlieren, verliert, verlor, verloren
verpacken, verpackt
Verpackung, Verpackungen

verschmutzen, verschmutzt
Verschmutzung, Verschmutzungen
versuchen, versucht
Versuchung, Versuchungen
vielleicht
vier
Vogel, Vögel
voll
vollständig
Vorfahrt
Vorsicht
vorsichtig

W

Waage, Waagen
wachsen, wächst, wuchs, gewachsen, Gewächs, Gewächse
Wahl, Wahlen
wählen, wählt
während
Wald, Wälder
warm, wärmer
Wärme
warten, wartet
waschen, wäscht, wusch, gewaschen
Wasser
wechseln, wechselt
Wecker, die Wecker
Weg, Wege
Weihnachten
weil
weiß
weit, weiter
werden, wird, wurde, geworden
Wetter
wichtig
wiegen, wiegt, wog, gewogen
Wiese, Wiesen
wild, wilder
Wind, Winde
Winter
Woche, Wochen
wissen, weiß, wusste, gewusst
wohnen, wohnt
wollen, will, wollte, gewollt
Wort, Wörter
wünschen, wünscht
Wurzel, Wurzeln

X

X-Beine
Xylofon, auch: Xylophon

Y

Yak, Yaks, auch: Jak, Jaks
Ypsilon

Z

Zahl, Zahlen
zählen, zählt
Zahn, Zähne
Zebra, Zebras
Zehe, Zehen
zehn
zeichnen, zeichnet
zeigen, zeigt
Zeit, Zeiten
Zeitung, Zeitungen
Zeugnis, Zeugnisse
ziehen, zieht, zog, gezogen
Ziel, Ziele
zielen, zielt
Zimmer, die Zimmer
zu
Zucker
Zukunft
zukünftig
zuletzt
zum
zur
zurück
zusammen
zwei
Zwiebel, Zwiebeln
zwölf

1.   Schreibt jedes Wort von Trollis Sammlung auf einen kleinen Zettel.

2.   Ordnet die Wörter nach dem Alphabet. Schreibt sie dann geordnet in euer Heft.

Beachte beim Schreiben von Texten Folgendes:

1. Schreiben ist leichter, wenn du dir Stichwörter zu deiner Überschrift notierst.
2. Bringe deine Stichwörter in die gewünschte Reihenfolge.
3. Schreibe ganze Sätze mit den Stichwörtern, die in deiner Geschichte vorkommen sollen.
4. Achte auf eine kurze Einleitung, einen ausführlichen Hauptteil und einen kurzen Schluss. Denke auch an die Überschrift.
5. Wenn du mit dem Schreiben fertig bist, musst du deinen Text nochmals lesen, prüfen und vielleicht überarbeiten.

Die folgenden Tipps helfen dir dabei:

- Schreibe **kurze, klare Sätze**.
- Vergiss nicht die **wichtigen Einzelheiten**.
- Wenn du einen Text aufschreibst, bleibe in einer **Zeit**.
  Beispiel: Gegenwart – Das Auto **biegt** um die Straßenecke.
  1. Vergangenheit – Das Auto **bog** um die Straßenecke.
- Durch **treffende Tunwörter (Verben)** kannst du einen Vorgang genauer beschreiben.
  Beispiel: Er macht das Fenster zu. Er **schließt** das Fenster.
  Er macht das Fenster auf. Er **öffnet** das Fenster.
  Er macht das Fenster sauber. Er **putzt** das Fenster.
- Durch **passende Wiewörter (Adjektive)** kannst du ein Namenwort (Nomen) genauer beschreiben.
  Beispiel: Der Fußballspieler erzielte mit seinem Schuss ein Tor.
  Der Fußballspieler erzielte mit seinem **scharfen** Schuss ein Tor.
- Ordne deine Sätze in der **richtigen Reihenfolge**:
  1. Achte auf die zeitliche Reihenfolge.
     Was geschieht zuerst?
     Was geschieht dann?
     Was geschieht später?
  2. Achte auf die örtliche Reihenfolge.
     Wo geschieht die erste Handlung?
     Wo geschieht die nächste Handlung?

- Achte auf **verschiedene Satzanfänge**:
  zuerst ..., dann ..., schließlich ..., deshalb ...,
  danach ..., gleich darauf ..., oft ..., meistens ... usw.
- Denke an einen **abwechslungsreichen Satzbau**.
  Du kannst die Satzglieder umstellen.
  Beispiel: Heute gehe ich ins Schwimmbad.
  Ich gehe heute ins Schwimmbad.
  Ins Schwimmbad gehe ich heute.
- Verwende die **wörtliche Rede**.